Vivre au Moyen Âge

Ce volume réunit des textes parus dans *Historia spécial* numéro 43 (juillet-août 1996).
ISBN 2-235-02180-8

Sommaire

L'amour et la famille

1. L'amour parental : une réalité méconnue

par Didier Lett

Au Moyen Âge, lorsque des jeunes gens ont décidé de faire « pot commun », ils se marient. Et, à l'inverse de nombreuses idées reçues, les historiens admettent aujourd'hui que les femmes, devenues mères, aiment leurs enfants, les élèvent avec soin et les entourent d'affection. Les pères, d'ailleurs, ne sont pas en reste.

À partir du début du IXe siècle, la monogamie s'impose petit à petit à l'ensemble de la société. Dans les milieux aristocratiques, en revanche, le consentement mutuel des deux futurs mariés se trouve en concurrence avec la volonté des familles et des lignages de réaliser « un beau mariage », instrument de l'essor de leur richesse et de leur prestige. Le principe d'indissolubilité, lui aussi, résiste mal aux ambitions lignagères et de nombreux mariages nobles sont annulés sous prétexte de stérilité, d'impuissance ou à la suite de la découverte d'un lien de consanguinité entre les époux.

Dans l'aristocratie mérovingienne et carolingienne, nombreuses sont les filles mariées très jeunes. On sait, par exemple, que Bathilde a environ 15 ans lorsque le maire du palais de Neustrie Erchinoald la marie à Clovis II (vers 650-651), et qu'elle a à peine 17 ans lorsqu'elle donne naissance au futur Clotaire III (né en 652). Hildegarde n'a pas encore 15 ans lorsqu'elle épouse Charlemagne et la princesse byzantine Théophano est mariée avec l'empereur germanique Otton II, en 972 alors qu'elle est âgée de 11 ans. Dans les classes populaires, l'âge au mariage des filles doit, sans doute, être un peu plus tardif. Au XIIIe siècle, on considère que les trois quarts d'entre elles sont mariées à 18 ou 19 ans. En revanche, à la même époque, les garçons se marient plutôt vers 25 ou 27 ans.

De l'échange des consentements à la messe de mariage

Même si, à partir de la fin du XIe siècle (réforme grégorienne), le mariage devient un sacrement, le prêtre n'a pas le rôle prépondérant qu'il peut tenir dans les autres sacrements (baptême, eucharistie, confession, pénitence, extrême-onction). Lors des noces, il est plutôt témoin du lien qui se noue entre un homme et une femme (et aussi entre deux familles) qu'acteur. En effet, la messe de mariage est encore exceptionnelle dans de nombreuses régions de la chrétienté. C'est

L'amour parental

En 1960, Philippe Ariès publie *L'Enfant et la vie familiale sous l'Ancien Régime* (Plon). Selon lui, le concept d'enfance au Moyen Âge n'existe pas et les parents médiévaux n'ont pas de souci éducatif et n'éprouvent pas d'amour pour leur enfant. Depuis de nombreuses années ces thèses sont remises en cause par la très grande majorité des historiens médiévistes, qui ont montré que l'enfance médiévale est un âge de la vie bien déterminé par un vocabulaire précis, des qualités particulières, que parents et éducateurs ont à cœur de s'occuper de la formation des jeunes et que de très nombreuses traces d'amour parental existent. Pour en savoir plus, on peut lire l'article de D. Alexandre-Bidon, «Grandeur et renaissance du sentiment de l'enfance au Moyen Âge», in *Histoire de l'éducation*, 1991, pp. 39-63.

ce qui explique pourquoi le rite principal qui, selon l'Église, fait le sacrement de mariage, à savoir l'échange des consentements (*datio corporum*), matérialisé par la remise de l'anneau nuptial par le mari à son épouse, se déroule souvent sous le porche de l'église.

Cependant, dans les deux derniers siècles du Moyen Âge, l'Église arrive à faire du sacrement du mariage un phénomène vraiment religieux grâce en particulier aux rites de bénédiction du lit, de la maison des jeunes mariés par le prêtre et surtout de l'anneau nuptial. Les nouveaux époux voient souvent dans ce rite la garantie d'un mariage fécond et d'une fidélité à toute épreuve.

Se marier pour procréer

C'est au sein de l'institution matrimoniale que doit se faire la procréation. Raymond Lulle, à la fin du XIIIe siècle, explique à son fils que le mariage « est assemblement corporel et esperituel ordené por avoir enfanz qui soient serviteurs de Dieu ». Gilles de Rome, à la même époque, pense que « la meson d'un homme et son ostel n'est pas parfet se la femme et le mari n'ont enfanz ».

On comprend que les enfants illégitimes, nés hors mariages, soient assez mal considérés, surtout à partir du XIIe siècle où ils sont souvent exclus des héritages dans les milieux aristocratiques. On comprend aussi, selon cette conception, combien la stérilité est très mal vécue par les couples qui se demandent quel péché ont-ils pu commettre pour que Dieu les punisse ainsi. De nombreux récits de miracles mettent en scène un couple qui ne peut avoir d'enfant et qui implore l'intercession d'un saint ou de la Vierge. Les nobles vivent cette « panne d'héritier » d'autant plus douloureusement que l'enfant qui doit naître est aussi celui qui doit perpétuer le nom et le patrimoine de la famille.

Contraception et avortement sont attestés

Pourtant, il arrive que des parents tentent, pour diverses raisons et par différents moyens, de ne pas avoir d'enfants. La contraception, l'avortement et parfois l'infanticide sont attestés. Tout au cours du Moyen Âge, des documents nous informent sur la lutte que l'Église mène contre ces pratiques qui visent à aller à l'encontre de la nature d'essence divine et nécessairement bonne.

Dès le Haut Moyen Âge, les pénitentiels[1] nous renseignent sur des potions magiques que certaines femmes absorbent pour éviter d'être enceintes. Burchard de Worms, par exemple, au début du XIe siècle, interroge : « As-tu fait comme beaucoup de femmes, elles prennent leurs précautions pour ne pas concevoir (...) avec les maléfices et les herbes ? » Il se montre particulièrement sévère puisqu'il préconise, comme pour un homicide, sept ans de pénitence. Cette pratique permet soit de limiter le nombre d'héritiers, soit dans les couches populaires souvent en difficulté, de réduire le nombre de bouches à nourrir.

1 Dans un temps où la théologie est encore une discipline approximative, où les péchés sont mal établis, et plus variables encore les punitions qu'ils méritent, on cherche à unifier le système ou du moins à unifier les barèmes locaux. On appela cette manière de faire la pénitence tarifée consignée dans des ouvrages nommés les « pénitentiels ». Il existe des dizaines de ces ouvrages (en particulier dans les îles Britanniques) qui indiquent les peines à imposer pour chaque péché. Dans l'ensemble, les pénitentiels étaient très sévères et punissaient lourdement. On note des différences entre eux, au point qu'un fidèle (malin) aurait eu intérêt à bien les connaître.

Il faut cependant nuancer l'idée d'une contraception répandue au Moyen Âge, essentiellement à cause du peu d'efficacité de ces pratiques qui reposent sur des connaissances imprécises. La grande majorité des hommes et des femmes du Moyen Âge n'ont sans doute guère pu contrôler de manière efficace le nombre de naissances. La meilleure méthode, vivement encouragée par l'Église, pour restreindre sa descendance, est de respecter les canons ecclésiastiques qui prônent la continence à certaines périodes de la semaine et de l'année.

L'avortement est également attesté. Les documents ecclésiastiques dénoncent l'utilisation à des fins abortives de graines de fougère ou de gingembre, des feuilles de saule, d'épidème, de rue, des mélanges d'aloès, du persil, du fenouil ou encore des bains de camomille.

Les condamnations de l'avortement au Moyen Âge sont toujours très sévères. Cependant, deux critères modifient les peines qu'encourent ceux et celles qui se livrent à une interruption volontaire de grossesse : le contexte de la conception et l'âge du fœtus. Le législateur distingue toujours nettement, en effet, la femme qui a agi dans le plus grand dénuement, pour laquelle la condamnation est plus légère, de la fornicatrice cherchant à celer son crime jugée plus sévèrement.

Le législateur tient compte également du fait de l'animation du fœtus. On peut lire, par exemple, dans le pénitentiel de Bède (VIIe siècle) : « La mère qui tue l'enfant qu'elle porte dans son sein avant le quarantième jour après la conception jeûnera pendant un an, et après le quarantième jour, pendant trois ans. » Mais cette distinction n'a d'importance que théorique car dans la pratique, il est clair que personne n'est capable à l'époque de déceler une grossesse si précocement, ce qui limite sensiblement l'efficacité des pratiques abortives.

L'abandon plutôt que l'infanticide

Reste alors l'infanticide… Il ne faut pas exagérer, comme on l'a souvent fait, cette pratique au Moyen Âge. Le respect de la vie et l'amour très grand pour les enfants limitent considérablement ce type d'homicide.

Cependant, comme à toutes les époques, hélas, des parents désœuvrés, pouvant à peine se nourrir, ont dû porter atteinte à la vie du nouveau-né. Des conciles condamnent les parents qui étouffent leurs enfants en couchant avec eux ou les mères qui ont permis que leurs nourrissons soient ébouillantés près du feu. Mais, dans ce cas, il s'agit souvent d'imprudence plus que d'acte volontaire.

Lorsqu'ils condamnent, les législateurs, là encore, font souvent la différence entre les femmes démunies pour lesquelles la peine est beaucoup moins lourde et les autres. Ils distinguent également les enfants baptisés et les enfants non baptisés car ces derniers sont non seulement assassinés dans le siècle mais morts pour l'éternité.

Au Moyen Âge, si l'infanticide existe, en aucun cas il n'est un phénomène massif et il est presque toujours lié au dénuement, à l'adultère et à la peur que le crime soit découvert. Il est clair que dans la majorité des cas, les pauvres femmes préfèrent tenter d'abandonner leur enfant, solution la plus chrétienne de se séparer d'une progéniture que l'on ne peut élever.

L'Église légitime l'abandon pratiqué par les plus démunis et encourage vivement les parents qui ne peuvent faire autrement à se dessaisir d'un de leurs enfants en venant le déposer dans des lieux publics, en particulier aux portes des églises afin qu'ils soient trouvés plus sûrement. Mais ces cas de refus d'enfant sont, somme toute, peu nombreux et compensés par un réel désir d'enfant dans la très grande majorité des familles.

La femme enceinte est toujours surprotégée. Elle est autorisée, par exemple, à ne pas comparaître à une convocation de tribunal et elle peut quitter l'église lorsqu'elle le désire. Dans une grande majorité de lois médiévales, si une femme enceinte est condamnée à mort, on ne peut pas mettre la sentence à exécution et les juges sont obligés d'attendre l'accouchement. La peur est grande de tuer l'enfant qu'elle porte mais aussi de donner la mort à une femme qui, mystérieusement, s'apprête à donner la vie.

Naissance de l'enfant

L'enfant est né. Qu'il soit garçon ou fille, il est très vite entouré de soins attentifs par ses parents. Les historiens médiévistes ont désormais montré que les thèses de Philippe Ariès sont fausses et que l'enfant au Moyen Âge est aimé, éduqué, reconnu dans sa nature particulière.

Les textes médiévaux répètent souvent que les parents doivent « chastier » leur enfants. « Chastier » signifie, à la fois, réprimander et instruire. Le sens de ce mot n'entraîne pas nécessairement un châtiment corporel. Même si les traités de pédagogie préconisent l'utilisation de punitions physiques, beaucoup d'entre eux conseillent d'y recourir en dernière instance, lorsque la persuasion a échoué et insistent sur la nécessité d'une grande modération des coups pour qu'ils soient « efficaces ». L'éducation médiévale se fait

donc d'abord « par la parole et par l'exemple ».
Pour le tout petit enfant, la mère est très présente. En particulier, c'est elle qui assure la transmission de la foi chrétienne. Jean de Joinville, par exemple écrit, à propos de Saint Louis : « Dieu le garda par les bons enseignements de sa mère qui lui enseigna à croire en Dieu et à l'aimer ». Exemple royal qui se retrouve dans tous les milieux : Jeanne d'Arc dit, lors de son procès, que c'est sa mère qui lui a appris les trois prières que tout bon chrétien doit connaître : le *Pater Noster*, le *Credo* et l'*Ave Maria*. On voit des mères accompagnant l'enfant à l'église, lui montrant des images sacrées ou des statues, lui enseignant les gestes de la prière. Cet enseignement des valeurs chrétiennes par la mère passe aussi par tous les objets de la vie quotidienne. On a retrouvé, pour la fin du Moyen Âge, des bols-abécédaires ornés d'une croix, des chapelets, des bouliers ou des jouets pieux pour enfants. La mère joue également un rôle particulièrement important dans l'éducation de l'adolescente, en lui transmettant un certain nombre de valeurs, de savoir-faire dans le domaine domestique bien sûr mais aussi pour la préparer à sa future vie de femme.

Des pères très présents

Il est faux de croire qu'au Moyen Âge, le tout petit enfant est élevé uniquement par sa mère et que, subitement, il quitte un monde de femmes pour être propulsé dans un monde d'hommes. Le père aussi intervient dans le domaine de la puériculture. Lorsqu'un couple a de nombreux enfants, lorsque la mère connaît un handicap ou tarde à se remettre d'un accouchement difficile, il est évident que le père s'occupe des bébés, surtout dans les milieux plus défa-

vorisés, ne bénéficiant pas d'aides.
Lorsque l'enfant grandit, le père est aussi très présent auprès de ses enfants. Des images plus profanes laissent voir une grande complicité père-enfant, dans le jeu comme dans le travail : les petits ramassent des glands lorsque le père abat un chêne, effraient les oiseaux dans les champs pendant que le père sème du blé, tiennent les pattes du mouton que le père tond et, à la vendange, veulent l'aider à fouler le raisin dans la cuve.

Des êtres unis par des liens très forts

La forte présence des parents aux côtés de leurs enfants et le grand souci éducatif vont de pair avec une grande tendresse parentale. Les exemples ne manquent pas. Au milieu du XIIe siècle, en Angleterre, un enfant à peine âgé de 3 ans « soudain frappé de maladie, poussa des cris sinistres et fut misérablement abattu comme ses parents. L'un dit à l'autre : «Prends l'enfant, réchauffe-le dans tes bras. Elle obéit et le blottit en fredonnant dans son giron comme elle en avait l'habitude, mais ni les baisers ni les caresses de sa mère n'améliorèrent son état. Avec délicatesse, elle le mit à nouveau au berceau sur le côté mais même ainsi, la douleur ne put s'adoucir.» L'enfant meurt mais, comme il s'agit d'un récit de miracle, il ressuscite grâce à l'intervention d'un saint. A Montaillou, à la fin du XIIIe siècle, une femme cathare, condamnée pour hérésie, est emmenée par les inquisiteurs. Elle quitte la maison et sait qu'elle ne reverra plus jamais son enfant au berceau – elle mourra sur le bûcher : « Elle voulut le voir avant de s'en aller ; le voyant, elle l'embrassa ; alors l'enfant se mit à rire ; comme elle avait commencé à sortir un petit peu de la pièce où était couché l'enfant, elle revint de nouveau vers lui ; l'enfant recommença à rire ; et ainsi de suite, à plusieurs reprises. De sorte qu'elle ne pouvait parvenir à se séparer de l'enfant.» Cette scène émouvante mais terrible en dit long sur les sentiments de la mère pour son enfant et sur le déchirement que représente pour elle cette séparation.

Dans le domaine de l'affectivité, les pères médiévaux ne sont pas en reste. C'est sans aucun doute lorsqu'il y a mort d'enfant que les sentiments parentaux se donnent le plus à voir, comme en témoigne, par exemple, la douleur du Florentin Filippo di Bernardo Manetti qui, lors de la peste de 1449-1450, en l'espace d'un mois et demi, perd sa femme, sept de ses filles et son fils unique âgé de 14 ans et demi. Voici l'éloge qu'il fait de ce dernier : « Je ne crois pas qu'il en naisse beaucoup de pareils à lui, aucun qui soit plus obéissant, plus respectueux, plus pur ni plus prudent et qui soit plus apprécié de tous ceux qui le voient.»

Ce qui, chez ce père italien force le plus l'amour et l'admiration qu'il éprouve pour son fils, est la manière dont son enfant s'est préparé à la mort : « [Il] Reçut le corps de Notre Seigneur Jésus-Christ avec tant de contribution et de révérence que les spectateurs en furent emplis de dévotion ; enfin, ayant demandé l'huile très sainte et continuant de psalmodier avec les religieux qui l'entouraient, il rendit patiemment son âme à Dieu. » Tant il est vrai que la famille médiévale est une communauté juridique de personnes issue du mariage qui vivent « à pot et à feu communs » mais aussi une communauté psychologique d'êtres unis par des liens affectifs extrêmement forts.

Un garnement nommé du Guesclin

Posséder des renseignements précis sur l'enfance de tel ou tel personnage du Moyen Âge est chose rare. Certains historiens en conclurent hâtivement que le Moyen Âge ne s'intéressait pas à l'enfant, opinion abandonnée à l'heure actuelle. Quoi qu'il en soit, le cas de Bertrand du Guesclin est une exception. Pour une fois il existe des sources qui parlent explicitement de l'enfance d'un grand personnage, grâce à un poème de près de 25 000 vers, intitulé *La Vie du Vaillant Bertrand du Guesclin*, rédigé par Jean Cuvelier entre 1380 et 1387, soit peu de temps après le décès du connétable.

L'auteur, sans doute un clerc proche de la cour, n'a pas connu personnellement du Guesclin. Certes, son poème est conçu à la manière des chansons de geste, embellissant les faits et obéissant à de trop nombreuses conventions pour être pris pour argent comptant.

Plusieurs des anecdotes rapportées constituent la base d'une mythologie de Du Guesclin. C'est un garnement laid, difforme, bagarreur, très tôt privé de l'affection parentale . « Lire ne savait, ni écrire ni compter », affirme Cuvelier. On le voit au contraire chef d'une bande de petits vauriens, donnant et recevant coups et horions, avant de retourner, tête basse et habits en lambeaux, au domicile paternel. Dans ces combats, il est le chef, se réservant de changer de camp en cas de domination excessive d'un groupe sur l'autre. Il est excessif de voir dans ces combats le jeu de la soule[2], pourtant très prisé en Bretagne.

Plus âgé, Bertrand se passionne pour la lutte, autre sport favori des Bretons. Réfugié chez sa tante à Rennes, il lui fausse compagnie pour participer à une compétition de lutte. Cette frasque lui vaut, outre le titre de vainqueur, une vilaine blessure au genou. Bertrand, néanmoins, est un jeune noble et ce sont les tournois qui attirent son attention. C'est l'épisode du tournoi de Rennes (1337) où Bertrand du Guesclin, triomphe, refusant toutefois de combattre contre son père. J.-M. Mehl

2 Voir chapitre 17.

2. Abélard puni de castration

par Jacques Verger

L'histoire passionnée et malheureuse d'Héloïse et Abélard illustre bien les contradictions de la société au début du XIIe siècle. Aux prises avec les contraintes que leur imposent la famille, le mariage et l'Église, ces deux personnages mythiques, dont la réalité n'est plus mise en doute, n'auront d'autre choix que la retraite dans les ordres.

Nous les connaissons et les admirons d'abord parce que leur souvenir nous est parvenu à travers des œuvres d'une grande qualité littéraire – l'autobiographie d'Abélard intitulée *Histoire de mes malheurs* et les lettres échangées entre lui et Héloïse – et il est vrai que les hommes du Moyen Âge eux-mêmes les ont très tôt perçus comme les héros malheureux d'un véritable roman courtois.

Dès la fin du XIIIe siècle, Jean de Meung, l'auteur de la seconde partie du *Roman de la rose*, qui est une longue et puissante apologie des droits de la nature et de l'amour face aux contraintes de l'hypocrisie et de la cuistrerie, a pris la peine de traduire en français les écrits amoureux d'Héloïse et Abélard (originellement rédigés en latin) et les deux amants sont ainsi devenus, jusqu'à nos jours, des figures emblématiques de l'amour-passion écrasé par un destin contraire mais, d'une certaine manière, plus fort que le malheur, la séparation et la mort elle-même.

Mais, à la différence des héros de Chrétien de Troyes, Héloïse et Abélard ont aussi été des êtres de chair et de sang, dont l'existence historique ne fait aucun doute et dont des documents d'une exceptionnelle précision permettent de reconstituer l'histoire et la personnalité comme il est rarement possible de le faire pour l'époque médiévale. Leur histoire est en effet bien datée et les personnages connus dès avant leur rencontre, du moins en ce qui concerne Abélard.

Une figure centrale des « écoles »

Abélard – ou, pour lui donner son nom complet, Pierre Abélard – est né en 1079 au Pallet, près de Nantes, en Bretagne de langue française. De petite noblesse, fils aîné d'un chevalier, il aurait pu suivre la carrière de son père. Il préféra s'adonner aux études. Sa famille ne s'y opposa pas. Son père était un homme pieux qui avait lui-même reçu, quoique laïc, un minimum d'éducation. De plus, dès cette époque, les études pouvaient être la voie d'accès à une belle carrière ecclésiastique.

La fin du XIe siècle a en effet été un temps de réforme de l'Église. Des évêques soucieux de disposer d'un clergé plus digne se sont efforcés de développer les écoles rattachées à leur cathédrale. Dans ces écoles on se proposait avant tout de former de jeunes clercs par l'étude de la Bible mais, selon une tradition qui remontait à saint Augustin, on considérait que l'étude de l'Écriture devait être précédée par celle de disciplines héritées de l'Antiquité gréco-latine, telles que la grammaire, la rhétorique et la logique, indispensables à une bonne compréhension du texte sacré. Abélard se lança donc dans l'étude de ces disciplines profanes, sans doute peu avant 1100, et y prit un tel intérêt qu'il retarda longtemps le moment de passer à la phase terminale du cursus, c'est-à-dire aux études bibliques.

Il fréquenta diverses écoles dans les pays de Loire puis aboutit bientôt à Paris, où l'école de la cathédrale Notre-Dame jouissait déjà d'un renom exceptionnel. Pendant près de quinze ans, Abélard va se consacrer tout entier à l'étude. Étudiant particulièrement doué, il ouvre bientôt sa propre école et attire de nombreux auditeurs. Ses anciens maîtres et ses condisciples le jalousent mais il ne craint pas l'affrontement. Virtuose de la dialectique, il triomphe dans toutes les disputes, son verbe brillant séduit tous ceux qui l'écoutent. Vers 1112, il se décide à passer aux études de théologie et

Héloïse et Abélard ont vraiment existé

Des documents – l'*Histoire de mes malheurs* et les lettres qui lui font suite – prouvent qu'Abélard et Héloïse ont bien existé. Ces documents sont même si exceptionnels qu'à plusieurs reprises des historiens ont exprimé des doutes sur leur authenticité et suggéré qu'il ne s'agissait peut-être que d'exercices tardifs de rhétorique scolaire, datables de la fin du XIIIe siècle. Ces doutes compréhensibles ne l'ont cependant pas emporté : la conviction et l'opinion largement majoritaires restent que les textes attribués à Héloïse et Abélard sont bien d'eux et que l'histoire qu'ils narrent est une histoire véridique, aventure peu banale de deux êtres hors du commun. Ils apportent aussi un témoignage précieux sur les conceptions de l'amour et du couple qui avaient cours, au moins dans certains milieux de la France du Nord, dans la première moitié du XIIe siècle. On s'accorde aujourd'hui à considérer cette époque d'une part comme un âge de renaissance culturelle et religieuse, d'autre part comme une phase de grand dynamisme démographique, économique et social, qui marque véritablement le démarrage de l'Occident médiéval après les longs siècles presque immobiles du Haut Moyen Âge.

va à Laon, qui était alors le haut lieu de cet enseignement. Puis il revient à Paris et inaugure, en plus de ses leçons de grammaire et de dialectique, un cours de commentaire de l'Écriture. Il est alors admis comme professeur titulaire à l'école Notre-Dame (bien qu'il n'ait que les ordres mineurs et ne soit pas chanoine de la cathédrale), il a des amis à la cour parmi les grands seigneurs, spécialement les Garlande, favoris du roi Louis VI. On vient de loin et on paie cher pour l'écouter. Il est, à 35 ans, un homme en pleine maturité et possession de ses moyens. C'est alors qu'il rencontre Héloïse et que se nouent avec elle ses amours tragiques.

La passion jusqu'à la mutilation

Héloïse, née vers 1100, devait avoir environ 15 ans. De bonne noblesse, mais peut-être fille naturelle, elle vivait chez son oncle Fulbert, lui-même chanoine de Notre-Dame.

La suite de l'histoire, aussi simple que romantique, est narrée en détail dans l'*Histoire de mes malheurs*. Abélard prit pension chez Fulbert et accepta, en guise de loyer, de donner des leçons privées à Héloïse, les femmes n'étant pas admises, en ce temps, dans les écoles ecclésiastiques. Bientôt, entre la jeune fille et le maître, de vingt ans son aîné, naquit une passion enflammée. Abélard, qui n'avait jusqu'alors vécu que pour l'étude, négligeait ses cours à la cathédrale, préférant composer des chansons en l'honneur d'Héloïse.

Les amants se cachaient à peine et Fulbert les surprit. Il chassa Abélard. Mais Héloïse était enceinte. Abélard l'enleva et la conduisit dans sa propre famille en Bretagne. Puis revenu à Paris, il proposa à Fulbert, pour l'apaiser, d'épouser Héloïse. N'ayant reçu que les ordres mineurs, il n'était pas astreint au célibat ecclésiastique. Le sacrifice était

cependant lourd car, marié, Abélard serait retombé, de fait sinon de droit, dans le monde des laïcs et aurait dû renoncer, non seulement à la belle carrière ecclésiastique dont il rêvait, mais sans doute même à enseigner à Notre-Dame. Héloïse fut la première à s'en rendre compte et à le prier de renoncer au mariage : « Elle préférait être appelée ma maîtresse plutôt que ma femme ; ainsi la tendresse seule m'attacherait à elle et non la force du lien conjugal. »
Abélard insista cependant. Héloïse, laissant son bébé en Bretagne, revint à Paris et un compromis fut trouvé : le mariage aurait lieu mais resterait secret, les époux demeurant séparés afin de ne pas nuire à la carrière ultérieure d'Abélard. Comme on pouvait s'en douter, cette solution ne satisfit pas longtemps Fulbert qui tenait à une réparation publique ; il diffusa donc partout la nouvelle du mariage. Abélard riposta en installant Héloïse parmi les religieuses d'Argenteuil. Fulbert et sa famille, furieux et craignant que ce fût là le premier pas vers une prochaine répudiation, se décidèrent à tirer vengeance d'Abélard. Ils achetèrent un de ses serviteurs, qui ouvrit nuitamment la maison de son maître aux sbires envoyés par le chanoine ; ceux-ci saisirent le philosophe et le castrèrent.

Quoique écrasé de honte, Abélard survécut à la blessure et au choc psychologique ; il tenta d'obtenir justice, mais Fulbert avait de puissants protecteurs. Il se résigna alors à prendre l'habit monastique à Saint-Denis, le grand monastère proche de Paris et cher aux rois de France qui y avaient leur sépulture, tandis que sa femme devenait elle-même moniale à Argenteuil. Le droit canon en effet, tout en proclamant l'indissolubilité du mariage chrétien, admettait que des époux se séparent pour se consacrer à Dieu dans le cloître, chacun de son côté. Quant à leur fils, notons-le, laissé aux mains de quelque lointaine nourrice bretonne, il ne semble avoir pesé d'aucun poids dans les décisions des uns et des autres.

Victimes de la dignité nouvelle du mariage

Tels sont les faits. Leur interprétation n'est pas simple. L'attitude la plus aisée à comprendre est celle de Fulbert. Pour ce puissant chanoine et les siens, l'honneur du lignage avait été bafoué ; Abélard ayant refusé la réparation à laquelle étaient normalement tenus ceux qui séduisaient et enlevaient une fille noble, le clan offensé devait tirer lui-même vengeance de l'offense ; quoique combattue par l'Église et le roi, la justice privée restait encore, en ce temps, profondément ancrée dans les esprits.

Plus complexe était la situation d'Abélard et Héloïse. Certes il n'y a pas de raison de penser qu'un homme et une femme du XIIe siècle n'aient pas pu, comme à n'importe quelle époque, succomber, malgré la différence d'âge et de position, à un amour irrésistible, fait à la fois de communion des âmes et d'attirance des corps.

En fait, le tragique de leur situation est venu, pour une part, du contexte historique. Le début du XIIe siècle est en effet un temps où, dans sa grande entreprise de réforme, l'Église s'efforçait de séparer nettement clercs (y compris les gens d'études) et laïcs, le mariage devenant précisément une des pierres de touche de cette séparation. Aux premiers la continence érigée en règle absolue, aux seconds le mariage promu à la dignité de sacrement. Cet enseignement se heurtait à bien des habitudes, qui avaient jusque-là assez facilement toléré les exploits amoureux des jeunes célibataires et le concubinage des clercs ; en même temps, il allait à l'encontre de certains courants de pensée « naturalistes », alors répandus dans les écoles et les cours et assez favorables à la liberté de l'individu, y compris de la femme. On conçoit que, dans ce contexte, la solution ambiguë du mariage secret n'ait guère eu de chance d'aboutir. Si cependant, l'affaire, qui a duré au plus deux ans (sans doute 1116-1117), en était restée là, le souvenir s'en serait-il gardé ?

Une survivance extraordinaire

L'extraordinaire est qu'ici la passion survécut à la mutilation et à la séparation, pour s'exprimer, près de vingt ans plus tard, épurée et sublimée, dans les textes des deux époux qui sont parvenus jusqu'à nous.

Qu'étaient-ils, entre-temps, devenus ? Héloïse joua un certain rôle dans le monachisme féminin de son temps. Ayant dû quitter Argenteuil, elle s'installa à la tête d'une communauté en Champagne et y fonda, sur un terrain offert par Abélard, le monastère du Paraclet, maison-mère d'un petit ordre qu'elle gouverna avec autorité jusqu'à sa mort (1163). Abélard, quant à lui, n'observa pas longtemps le silence qu'il s'était imposé. Dès 1118, il reprit son enseignement et ne l'interrompit guère avant 1140, tantôt dans les divers monastères ou ermitages où le mena sa carrière errante, tantôt à Paris, la grande ville qui depuis sa jeunesse ne cessait de le fasciner. Cet enseignement eut un grand rayonnement mais lui valut bien des déboires avec les gardiens de l'orthodoxie doctrinale (au premier rang desquels le grand abbé cistercien Bernard de Clairvaux), toujours prompts à taxer d'hérésie une pensée qui faisait la part belle aux arguments rationnels dans l'exégèse des textes sacrés et l'exploration des vérités de la foi.

Les vicissitudes de cette existence tourmentée lui avaient-elles fait oublier Héloïse ? Sa mutilation avait-elle éteint une passion qui, à l'origine, avait certainement été plus charnelle que spirituelle ? Héloïse, quant à elle, elle le dira plus tard, n'avait rien oublié malgré sa piété et le poids de sa charge d'abbesse ; elle ne pouvait chasser de son esprit le souvenir des étreintes anciennes et des moments de bonheur à jamais perdus ; sa passion était toujours vivante, qu'elle entretenait malgré elle comme un délicieux remords.

L'impossible renouement

Vers 1132, Abélard, devenu abbé de Saint-Gildas en Bretagne et en proie à l'hostilité de ses propres moines, décida pour se consoler d'écrire son autobiographie. Héloïse, avec qui il avait simplement repris en 1129, lors de la cession du Paraclet, des relations assez distantes, fut bouleversée par cette lecture. Le rappel du passé fit naître en elle une telle émotion qu'elle écrivit coup sur coup à Abélard trois longues et magnifiques lettres où elle lui redisait son amour avec la force d'une passion désespérée mais toujours aussi forte. Peut-être indifférent, plus vraisemblablement conscient de ses responsabilités d'époux et effrayé de tant d'ardeur et, chez une religieuse vouée au Christ, d'une sensualité encore si exacerbée, Abélard répondit sur un ton presque impersonnel, l'appelant simplement à reporter en Dieu tout l'amour jadis conçu pour un homme et à ne plus associer celui-ci qu'à ses prières.

Après ce bref et brûlant échange de lettres, c'est à nouveau le silence ou presque : un court billet envoyé par Abélard à

Héloïse en 1140 alors qu'il était aux prises avec les dangereuses accusations de saint Bernard ; à ce moment décisif, la tendresse d'Héloïse restait pour lui un recours dans l'épreuve. Condamné en 1140 au concile de Sens, âgé et malade, Abélard mourut en 1142 dans un prieuré clunisien où il avait dû se retirer. A cette nouvelle, Héloïse demanda à l'abbé de Cluny[3] de lui restituer la dépouille de son époux pour la faire déposer dans l'église du Paraclet où elle se fit elle-même ensevelir à ses côtés vingt ans plus tard. Les deux amants, les deux époux étaient enfin réunis pour l'éternité.

3 Le grand abbé Pierre le Vénérable (NdE).

3. Amours illicites et sexe interdit

par Jean Verdon

Point de salut hors du mariage. L'Église réprouve les aventures avant le mariage, l'adultère après les épousailles, l'homosexualité, la pédophilie, le sodomie. Les théologiens veillent, et les autorités surveillent de très près les transgressions.

L'union charnelle doit, selon l'Église qui régente la mentalité médiévale, n'avoir lieu que dans le cadre du mariage et dans l'intention de procréer. Ils peuvent même alors être cause de péché. Grégoire le Grand, pape de 590 à 604, dans une lettre adressée à saint Augustin de Canterbury, parle de la souillure du plaisir conjugal : « Nous ne prétendons pas que le mariage soit coupable. Mais parce que cette union conjugale licite ne peut avoir lieu sans volupté charnelle, on doit s'abstenir d'entrer dans un lieu sacré, la volupté ne pouvant, quant à elle, en aucune manière être sans faute. »

Deux morales face à l'adultère

Le « temps pour embrasser », selon l'expression d'un historien contemporain[4], est fort limité, l'année liturgique et le cycle de la femme constituant les deux grandes interdictions relatives aux rapports entre époux. Et seule la position de l'homme sur la femme lors du coït est licite aux yeux des clercs. La sexualité extra-conjugale, est de ce fait absolument condamnée.

4 Jean-Louis Flandrin (voir Bibliographie) (NdE).

La mentalité laïque connaît une double morale selon le sexe. Si l'homme a le droit d'avoir des expériences avant de prendre épouse – et la preuve de sa virilité est plutôt vue avec faveur –, il n'en va pas de même pour les filles qui doivent arriver vierges au mariage. Une lettre de rémission de l'époque de Charles VI narre l'aventure d'un homme qui, sur les recommandations d'un ami, a épousé la sœur de celui-ci. Or, la nuit de noces, il découvre que son épouse n'est pas vierge. Furieux, il tue son beau-frère. L'Église, elle, met les deux sexes sur un pied d'égalité et ne permet à personne d'avoir des relations en dehors du mariage.

Des filles poussées vers l'infanticide

Il arrive pourtant que des jeunes filles cèdent à la tentation. Nous les connaissons dans la mesure où les rapports ont entraîné une grossesse. La naissance d'un enfant constituant un déshonneur, la solution est trop fréquemment recherchée dans l'infanticide. En effet, la pauvre fille est amenée à commettre un geste fatal, tant à cause de sa détresse que de la crainte de ses proches.

Colette Wardavoir, âgée de 15 ans, qui a pu cacher son état, s'assoit dans les privés lorsqu'elle arrive à terme. Sous l'effet de la douleur, elle perd presque connaissance et laisse tomber dans les latrines l'enfant qui se met à crier ; affolée, elle prend la fuite.

L'infanticide n'est pas le fait des seules femmes de modeste condition. La demoiselle de Claerhout, âgée de 23 ans, qui est issue d'une noble famille flamande, s'éprend d'un va-nu-pieds et devient enceinte malgré ses précautions – pour éviter une grossesse, elle avait recours à des plantes. Elle accouche clandestinement, dans la maison d'un oncle, d'un enfant qu'elle étrangle avec une de ses jarretières, puis jette dans un fossé.

Évoquons, encore les amours d'une jeune fille et d'un prêtre. Jeannette, épouse de Nicolas Rollant, alors qu'elle a 17 ou 18 ans, donc avant son mariage, est séduite pas les belles paroles d'un prêtre nommé Jean Jouaye et vit avec lui pendant un an environ. Devenue enceinte, elle est envoyée, peu avant l'accouchement, chez une veuve. Une nuit deux frères surviennent qui l'emmènent, et l'un d'eux la viole. Jouaye la fait alors venir dans sa maison. Peu après elle met un enfant au monde. Comme le prêtre se désole, elle lui dit d'agir à sa guise. Il prend alors l'enfant, l'enveloppe dans un drap et le met dans le giron de la robe de Jeannette, en lui ordonnant de bien serrer pour qu'il ne crie pas. Ils quittent la maison nuitamment et portent l'enfant près du cimetière de Bouin, en terre profane. L'homme creuse une fosse et demande à Jeannette d'y jeter l'enfant.

La violence, recours des maris bafoués

Bien entendu un certain nombre de couples ne respectent pas la fidélité conjugale. Mais alors que le mari peut intenter une action sur le plan pénal, il ne peut être poursuivi que sur le plan civil. Bien plus, en 1338, une femme trompée est condamnée à payer une amende pour avoir frappé un mari infidèle qui n'a même pas l'excuse d'avoir été séduit puisque sa partenaire, leur servante, prétend avoir été violée. Les lettres de rémission mentionnent peut-être surtout les adultères féminins dans la mesure où le mari tue parfois l'amant, alors que l'épouse bafouée n'a que rarement recours à la violence. Le maire de Chauny qui vient d'inspecter le guet, car les Anglais sont proches – nous sommes

à l'époque de la guerre de Cent Ans – trouve la porte de sa chambre fermée, en revenant chez lui vers 4 ou 5 heures du matin. Il demande à sa femme de l'ouvrir, et il aperçoit dans la ruelle un jeune homme en chemise et sans braies. Courroucé, il le frappe d'un coup de badelaire et le tue.
Jeannot Chavant d'Amberre, par deux fois, a trouvé son épouse Thomasse en train de commettre l'adultère, une fois avec le recteur, une autre fois avec un laïc. Il l'a chassée à deux reprises, mais lui a pardonné contre la promesse de ne jamais recommencer. Comme il la surprend de nouveau en flagrant délit, il lui donne deux coups de couteau et la frappe du pied dans le ventre.
Les femmes apprécient particulièrement les clercs. Ceux-ci, relativement instruits, montrent sans doute plus d'égards envers leurs maîtresses que de frustes laïcs. Leur position sociale peut attirer les femmes. Les fonctions qu'ils remplissent leur permettent d'exercer des pressions sur leurs paroissiennes. Enfin, la femme écartée du sacerdoce s'imagine peut-être, grâce à un amant clerc, avoir des relations privilégiées avec le sacré.

Maris infidèles et bâtards acceptés

Bien entendu les hommes ne sont pas en reste. Et les choses s'aggravent dans la mesure où ils n'hésitent pas à employer la violence pour parvenir à leurs fins. Ainsi il n'est pas rare que des maîtres abusent de leurs servantes. Alors que les viols collectifs sont le fait de bandes de jeunes, les hommes mariés agissent plutôt de manière individuelle et subreptice.
Tel Humbert de Ravet qui pendant une absence de son épouse – au cours de la semaine sainte ! – fait subir des

sévices à Marguerite Guillaume, en 1449. « Et quand la nuit fut venue, elle se retira en une couchote dans la chambre de Ravet où elle a l'habitude de coucher. Ravet qui était déjà étendu se leva et vint à elle, la prit toute nue et la porta en son lit, et dès qu'il y fut se coucha avec elle... Elle déclare également que après que Ravet eut fait cela, elle voulut se lever, mais il la tenait par les bras derrière le dos et la tint ainsi jusqu'à ce qu'il fut près du jour où il remonta de nouveau et refit ce qu'il avait déjà fait auparavant. » Quelques semaines après, Ravet « fait comme les deux autres fois ». De ces rapports illégitimes, il naît des bâtards. Et il n'est pas rare, dans les catégories sociales élevées, de voir les enfants illégitimes d'un homme vivre au sein du foyer conjugal. Antoine de Roucy confie ses bâtards à sa femme : « Qu'une petite fille nommée Lisbeth qui m'a été donnée soit nourrie par madite compagne avec elle et à ses dépens et qu'elle en fasse soit par mariage, soit autrement selon que bon lui semblera ». L'exemple vient de haut. On connaît dix-huit bâtards au duc de Bourgogne Philippe le Bon...

L'impossible contrôle des « ribaudes »

Dans la campagne, des filles vagabondent de village en village, en fonction notamment des marchés, moissons, vendanges qui regroupent les paysans. Mais c'est avant tout en milieu urbain que la prostitution se développe. De nombreuses cités possèdent un bordel public construit souvent sur les deniers municipaux et donné à ferme à une abbesse ou à un tenancier qui recrutent les filles. Celles-ci généralement ne restent pas enfermées. Elles racolent en pleine ville et ramènent leurs clients dans la maison où un bon repas précède les ébats amoureux.

Chaque grande ville possède également des étuves, véritables maisons de tolérance. En effet, malgré de nombreuses interdictions, les ribaudes les fréquentent, de sorte que ces établissements ne remplissent plus la fonction pour laquelle ils ont été créés, ou bien ajoutent à celle-ci une vocation moins avouable. Le nombre des chambres bien pourvues en literie, la présence d'accortes chambrières le montrent à l'évidence.

La prostitution peut s'exercer aussi dans de petits bordels privés où des maquerelles mettent deux ou trois filles à la disposition de leurs clients. Ces tenancières font parfois appel à des prostituées indépendantes qui racolent dans les tavernes, voire dans la rue.

A Paris, comme dans bien d'autres villes, quelques lieux précis sont réservés à la prostitution. A l'époque de Saint Louis, les filles de joie auraient reçu la permission d'exercer leur profession dans huit rues : sur la rive gauche dans le quartier universitaire l'Abreuvoir de Paris et la rue Fromental, dans l'île de la Cité la rue de Glatigny – le centre de prostitution le plus célèbre –, sur la rive droite la rue Champ-Fleury, la rue Chapon, Baillehoe, la-Cour-Robert-de-Paris et la rue Tiron.

L'obligation de rester dans les endroits réservés n'est pas rigoureusement observée. Selon une ordonnance de 1420, les filles ont envahi plusieurs bonnes rues de la Cité où certaines ont acheté des maisons et tiennent taverne ; d'autres, dans des boutiques, sous le prétexte d'une profession, reçoivent des clients de jour et de nuit.

Ainsi, à côté des misérables bordelières de Glatigny, il existe une catégorie de filles de joie d'un niveau supérieur. Ces marchandes de vertu facile portent un nom de guerre qui indique leur profession fictive, mais aussi parfois le nom de leur pays ou un attribut physique : ainsi la Jeanneton de Meaux, la Touchaille au dur téton, la Vieille aux cheveux blonds, la grande Gilette ou la Belle Heaulmière décrite par François Villon qui oppose la beauté de sa jeunesse à la décrépitude de son âge mûr.

Comment l'on devient prostituée

Comment ces femmes en viennent-elles là ? Le viol joue un rôle non négligeable. Pour les hommes du Moyen Âge, la fille ne peut être que pure ou publique, de sorte que la femme violée se rapproche, malgré son innocence, de la fille commune. Jeannette, qui sert depuis deux ans à leur satisfaction un ménage de serruriers, est agressée par une bande : « Par crainte personne n'ose recevoir ladite Jeannette, même ses anciens maîtres ».

Intervient également la misère en ces temps de crise. Marion du Pont est femme de chambre à Clermont-en-Beauvaisis lorsqu'elle est déflorée. Devenue servante à Beauvais, elle perd sa place et ne peut survivre que grâce à la maison close locale. Elle se rend à Paris et, pendant quelques mois, se prostitue à Glatigny avant d'être enfermée au Châtelet. Les salaires féminins sont faibles et pour vivre des ouvrières ont recours, au moins occasionnellement, à la prostitution.

Un véritable métier, de plus en plus toléré

L'âge moyen des prostituées met en lumière les étapes de leur carrière. Les filles secrètes ont 17 ans, les chambrières d'étuves une vingtaine d'années, les pensionnaires de bordel environ 28 ans. La plupart des femmes, en effet, se livrent d'abord de temps à autre à la prostitution, poussées plus ou moins par un compagnon, puis travaillent dans des étuves avant de finir dans une maison de tolérance lorsque leur beauté s'est fanée. Quelques filles de joie s'élèvent dans la hiérarchie et deviennent tenancières. D'autres trouvent refuge dans une fondation à moins qu'elles ne terminent leur existence dans la misère. Enfin certaines parviennent à se réinsérer dans la société en se mariant avec des compagnons.

L'attitude de la collectivité à l'égard des prostituées a évolué. Des ordonnances de Saint Louis ordonnent de les expulser du royaume et de confisquer leurs biens. Leurs vêtements doivent les distinguer des autres femmes. De telles prescriptions les placent hors de la communauté. Les épidémies du XIVe siècle entraînent une diminution considérable de la population. La prostitution permet non seulement de sauvegarder la vertu des femmes de bonne famille, mais aussi de faire obstacle à la sodomie et à la masturbation qui s'opposent à la propagation de l'espèce. On aime citer une formule attribuée à saint Augustin : « La femme publique est dans la société ce que la sentine est dans la mer et le cloaque dans le palais. Supprime ce cloaque et tout le palais sera infecté ».

Pourtant, des oppositions se manifestent. Christine de Pisan et ses amis s'élèvent contre une morale contraire à la dignité féminine. Des prédicateurs itinérants, entre 1390 et 1440, stigmatisent les mœurs, cause de tous les malheurs. Si, aux XIVe et XVe siècles, la prostitution devient un métier comme les autres et si les municipalités l'acceptent « pour l'utilité commune », au XVIe siècle des mesures de répression efficaces seront prises.

L'homosexualité jugée intolérable

Les médecins n'ignorent pas complètement l'homosexualité, mais la plupart des commentateurs du *Canon* d'Avicenne qui la mentionne à plusieurs reprises en parlent peu. Jacques Despars, médecin du XVe siècle, est plus explicite. Selon lui, il faut amener les homosexuels à la tristesse par l'invective et le blâme, puis les torturer en les affamant, les fatiguer en les privant de sommeil, les jeter en prison, enfin les fouetter jusqu'au sang. Traitant de la pédophilie, il signale qu'il pourrait mentionner bien d'autres espèces de coïts sodomites, mais qu'il préfère se taire. La nature humaine portée vers le mal et désireuse de nouvelles concupiscences risquerait, en les entendant, de les pratiquer. Même prudence chez les confesseurs : à vouloir trop informer, on risque de faire commettre à des hommes et à des femmes des péchés inconnus d'eux.

Le lesbianisme reçoit une condamnation limitée, sans doute dans la mesure où le sperme féminin ne joue, pense-t-on, qu'un rôle réduit dans l'acte générateur. Dans une vision, une jeune femme explique la raison de sa présence au Purgatoire. « Alors que j'étais encore dans un âge tendre, m'abandonnant à la séduction d'une honteuse lascivité, j'ai accompli des actes honteux avec des filles de mon âge et l'ayant hélas ! oublié, bien que je me sois confessée à un prêtre, je ne l'ai pas soumise au jugement de la pénitence. » Mais elle ne se trouve pas en enfer et par conséquent sera sauvée après accomplissement de sa peine. A sa décharge, elle a fauté alors qu'elle était jeune.

Cette indulgence à l'égard des femmes se manifeste aussi dans la liste des cas réservés concernant le diocèse de Cambrai pour les années 1300-1310. Réservés à l'évêque :

les péchés contre nature de l'homme de plus de 20 ans. Réservés aux pénitenciers : les péchés contre nature perpétrés par les femmes de tout âge et les hommes de moins de 20 ans. Justiciables du curé : les péchés contre nature en l'âge puéril, chez les garçons avant 14 ans, chez les filles avant 25.

Le contrecoup des croisades

Jusqu'au XIIIe siècle, selon l'historien américain John Boswell, l'homosexualité a tenu une grande place dans l'Occident chrétien et n'a pas fait l'objet de virulentes condamnations. Pourtant, Bède, au VIIe siècle, insiste à maintes reprises sur la sodomie. Les sodomites sont condamnés à quatre ans de jeûne, à sept ans s'il s'agit de moines ou de récidivistes. Les lesbiennes doivent faire trois ans de pénitence, sept ans s'il s'agit de religieuses.

Les visions donnent la même impression de sévérité. Le moine Wetti, mort en 824 à Reichenau, déclare avoir entendu au cours d'un voyage dans l'au-delà un ange lui déclarer que rien n'offense plus Dieu que le péché contre nature. Vers 1051, saint Pierre Damien dans *Le Livre de Gomorrhe* s'élève violemment contre les rapports sexuels entre hommes, surtout entre clercs, qu'il décrit avec force détails. Il accuse les prêtres d'avoir des relations avec ceux qu'ils dirigent sur le plan spirituel, et affirme que beaucoup de clercs, pour éviter des sanctions, se confessent à d'autres clercs homosexuels. Ce vice l'emporte sur tous les autres en impureté.

Vers la même époque, des sentiments homosexuels s'expriment dans le cadre de la vie monastique. Aelred, abbé du monastère cistercien de Rielvaux, essaie de montrer la valeur de l'amour entre personnes du même sexe. Il déclare avoir été attiré par d'autres hommes et même être passé à l'acte « au temps où les basses impulsions de la chair et la source jaillissante de l'adolescence faisaient s'élever un nuage de désir ». Hildebert de Lavardin, archevêque de Tours, laisse clairement entendre que l'homosexualité touche nombre de personnes, même parmi les plus éminentes. « Le jeune homme, l'homme fait, le vieillard se souillent de ce vice et il n'est aucun rang qui en soit exempt ».

Un changement se produit surtout à partir du XIIIe siècle. Le concile de Latran III exprimait déjà en 1179 une condamnation visant apparemment les homosexuels. Ceux-ci subissent le contrecoup des sentiments déclenchés par les croisades. De nombreux textes occidentaux attribuent, en effet, aux musulmans une sexualité effrénée. La plupart des législations attestent ce changement d'attitude. En France, l'école de droit d'Orléans publie un code qui ordonne la castration à la première faute – sans doute l'ablation des testicules –, l'ablation d'un membre à la deuxième – certainement celle du pénis –, la peine du bûcher à la troisième. La confiscation des biens au profit du souverain est prononcée, ce qui constitue une invitation aux rois à extirper l'homosexualité de leurs États. De telles lois sont toutefois appliquées de façon irrégulière, notamment parce que les fautes sexuelles, pense-t-on, relèvent de la justice ecclésiastique.

Les documents ont tendance à mettre l'accent sur les comportements marginaux. A côté de ces amours illicites, nombreux ont été les couples régulièrement unis qui, au Moyen Âge, ont vécu une sexualité, sinon absolument épanouie, au moins conforme dans ses grandes lignes aux normes de l'époque.

4. Les fabliaux (1) : Mari trompé, femme rusée et chevalier couard

par Marie-Thérèse Lorcin

Les fabliaux constituent, avec le *Roman de Renart*, le plus ancien trésor d'histoires drôles en langue française. Ces contes en vers, écrits entre 1150 et 1340 environ, ont été imités et remaniés de toutes les manières possibles, avant de tomber dans l'oubli. Ils reviennent à la mode depuis une trentaine d'années. Mais, derrière le comique de situation, ces récits révèlent parfaitement la permanence des situations de couples, notamment les affaires d'adultère.

Le fabliau est un genre propre à la langue d'oïl. Les tournures régionales permettent de savoir en quelles provinces ils furent composés. Les régions les plus productives sont la Picardie, la Normandie, l'Artois, le Hainaut et la Champagne.

Les fabliaux sont des récits brefs en vers, tout comme les fables, les miracles et contes pieux. Ils tiennent, à quelques exceptions près, en quelques centaines de vers, alors que les chansons de gestes et les romans arthuriens ont des milliers, parfois des dizaines de milliers de vers. Les critiques admettent de nos jours environ 150 contes dans le corpus des fabliaux et considèrent que le critère essentiel réside dans leur ton.

Des récits de pur divertissement

Le fabliau exclut l'émotion. Il n'a pas d'intention didactique ni édifiante. Il cherche simplement à divertir, surprendre, amuser, en racontant quelque bonne histoire. S'ils comportent presque tous une « moralité » placée en tête ou en queue, il faut la considérer comme une concession de pure forme à la « langue de bois » de l'époque.

Il s'agit en effet d'énoncer une vérité morale ou sociale, le plus souvent sur un ton narquois. Exemples : « On doit pour fol tenir celui / Qui mieux croit sa femme que lui » ou bien encore « Qui a femme revêche / Est pourvu de mauvaise bête ».

La plupart des auteurs de fabliaux restent anonymes. On connaît cependant une vingtaine de noms d'auteurs, dont quelques-uns jouirent d'une flatteuse réputation pour l'ensemble de leurs œuvres, tels Jean Bodel, Rutebeuf, Jean de Condé… Connus ou obscurs, ces poètes ont parfois puisé dans des sources fort anciennes (fables gréco-latines, contes folkloriques). Mais la part de la création est de loin prédominante.

Enfin il faut souligner que ces poèmes en octosyllabes à rimes plates sont presque toujours d'une technique très sûre, même si notre époque n'est plus guère capable d'apprécier cette qualité. La diversité est grande dans ce corpus de 150 contes. Les auteurs utilisent tous les moyens, le spirituel et le trivial, l'humour délicat et la grosse plaisanterie obscène ou scatologique. C'est ce qui valut à l'ensemble une longue pénitence.

Le comique de situation jouit d'une priorité absolue. Parmi les nombreux thèmes qui s'entrecroisent : le trompeur trompé, la punition de celui qui ne se comporte pas comme le voudrait son état (le chevalier couard, le riche inhospitalier, etc.), les mésaventures de l'imbécile, les diverses façons d'être un cocu, l'odyssée d'un cadavre encombrant, les promenades dans un au-delà qui n'a rien de tragique... S'ajoutent au scénario un saupoudrage de comique de mots et une dose infime de comique de caractère, le récit bref se prêtant mal aux descriptions.

Des histoires de cocus

Le corpus des fabliaux contient un certain nombre d'histoires de cocus dont le scénario est à géométrie variable. Le mari peut en effet être cocu et content parce qu'il ne se doute de rien. Ou bien il a quelque soupçon mais il est vite rassuré grâce aux habiles contre-attaques de son épouse. Dans un petit nombre de contes, qui sont moins drôles, le mari est cocu et mécontent, soit parce qu'il est au courant et ne réagit pas, soit parce qu'il n'a pas réussi à « pincer » son concurrent. C'est le cas s'il a poussé sa femme à le tromper en se montrant jaloux sans raison. Le jaloux est toujours puni dans la littérature du Moyen Âge. Enfin il est des contes où l'époux se venge, soit en battant sa femme comme plâtre, soit en maltraitant l'amant.

L'amant puni est toujours un prêtre, et son châtiment est souvent décrit avec une inoubliable férocité. L'anticléricalisme est bien implanté dans les contes dès le XIIIe siècle. Tout compte fait, 67 % des cocus sont contents. Mieux vaut avoir une femme infidèle mais agréable à vivre qu'une femme querelleuse et contredisante. C'est une des leçons à tirer des fabliaux. On constate aussi que les conteurs ont le plus grand respect de la hiérarchie. Si l'époux est un chevalier, l'amant doit l'être aussi. De plus, si le mari tend un piège à sa femme, il ne sera pas battu par la valetaille, même si le scénario au départ est le même. Les dames de la haute société s'en tirent aussi bien que les bourgeoises, grâce à leur présence d'esprit et à leur subtilité !

La dame, le châtelain et l'amant

Une dame reçoit son ami pendant l'absence du châtelain parti aux plaids à Senlis. L'ami laisse dans la cour son palefroi, son épervier dressé et deux petits chiens de chasse qu'il avait emmenés pour se distraire en route. Alors que les deux amants sont ensemble, voici le mari qui revient. Il s'étonne en voyant dans la cour de nobles bêtes qui ne lui appartiennent pas. Il explose une fois dans la chambre : la « robe vermeille » du chevalier traîne sur un coffre, car son propriétaire n'a pas eu le temps de la prendre avant de se blottir entre le lit et la muraille... La dame ne se trouble pas. « N'avez-vous rencontré mon frère / Qui à l'instant d'ici repart ? Il est si bon, dit-elle, qu'il vous donne sa robe, dont je remarquai simplement qu'elle vous irait bien. J'ai eu beau protester, il a laissé aussi son palefroi, son épervier, ses chiens. Vous lui revaudrez cela plus tard.
– Certes, dit le seigneur. Je suis heureux d'avoir ces belles bêtes. Mais peut-être avez-vous eu tort d'accepter la robe. Cela ressemble trop à de la convoitise.
– Pas du tout, dit la dame, car on doit bien, par saint Rémi prendre un beau don de son ami. / Celui qui ne sait recevoir / Ne sait pas non plus donner. »
Puis elle s'arrange pour que son mari s'endorme au plus tôt. Le chevalier se glisse hors de sa cachette, prend ses affaires et disparaît. Le seigneur dort jusqu'à midi, se lève et demande au valet sa robe vermeille.
La dame feint la surprise : « Avez-vous donc robe achetée ? / Ou l'avez-vous empruntée / Où vous êtes hier allé ? »

Le mari rappelle le cadeau qu'il a reçu la veille. « Comment, dit sa femme, un homme de votre rang ne porte pas de vêtement s'il n'est neuf. / C'est bon pour les jongleurs / Et pour les faiseurs de tours /De récupérer des chevaliers / Les robes, car ils en ont besoin. »
Son mari étonné lui rétorque alors : Pourtant, vous savez bien que votre frère a laissé hier pour moi son palefroi, son épervier, ses chiens, et vous-même m'avez dit que tout cela était pour moi ?
Il y a plus de deux mois que je n'ai vu mon frère, dit la dame, et pour rien au monde je ne voudrais vous voir porter un vêtement qui a appartenu à un autre. Vous avez les yeux troublés. J'ai peur que n'ayez rencontré / Ce qui aujourd'hui vous émeut, / Fantôme ou air pernicieux. / On voit bien à votre regard /Que vous êtes enfantômé. » Elle le convainc de partir trois jours plus tard en un pèlerinage qui passera par une demi-douzaine de sanctuaires éparpillés dans la Chrétienté, pour recouvrer sa santé mentale.
« Ce fabliau montre aux maris / Qu'il est bien fou celui, ma foi, / Qui croit ce que ses yeux voient. / Qui veut tenir le droit chemin / Doit bien croire sans contredit / Tout ce que sa femme lui dit.»

La bourgeoise d'Orléans

Nombreux sont les contes où c'est la femme qui triomphe. Car la ruse est sa spécialité, sa seconde nature, et lui permet de prendre sa revanche sur l'homme qui détient la force brutale, le pouvoir, le savoir et le nerf de la guerre.
La Bourgeoise d'Orléans est la meilleure version d'un conte dont les variantes et imitations traduisent la durable popularité.

Il était une femme dont l'époux était un marchand opulent et expert en affaires. Arrivent en ville quatre étudiants jeunes et pleins d'entrain. L'un d'eux fréquente si assidûment la maison que le bourgeois en prend ombrage. Il fait espionner sa femme et apprend un jour qu'elle a promis de donner rendez-vous au clerc à la porte du verger dès la prochaine absence de son mari. Le marchand annonce à sa femme qu'il doit partir, comme l'exige son négoce :
« Gardez la maison, chère amie,
Comme une bonne femme doit faire.
Je ne sais rien de mon retour. »
Il se met en route avec ses charrettes et ses aides pour faire étape à trois lieues de là.

Le soir venu, le bourgeois revient seul, le chaperon rabattu sur le visage, à la porte du verger où la dame le reçoit.
« Bienvenu soyez-vous », dit-elle. Le mari se garde de répondre. La femme regarde et reconnaît son mari… mais n'en laisse rien paraître. « Femme est plus habile qu'Argus ! Par leur malice sont trompés / Les sages depuis le temps d'Abel. »
La dame explique au faux clerc qu'elle va l'installer provisoirement dans une pièce en haut, et viendra l'y retrouver quand les domestiques seront couchés. Elle l'enferme donc, puis retourne au verger et fait entrer le clerc, qu'elle emmène dans la chambre où tous deux prennent du bon temps.

Puis la dame, qui suit son idée, demande à son ami de l'attendre un moment, car elle doit faire manger ses gens. Elle descend dans la salle et fait servir le repas à la nombreuse « mesnie » : deux neveux, le porteur d'eau, les trois chambrières, la nièce du bourgeois et trois valets. Puis elle prend la parole : « Vous avez vu souvent venir ici, dit-elle, un clerc qui ne veut me laisser en paix. Trente fois au moins j'ai repoussé ses avances sans réussir à m'en débarrasser. Pour en finir, j'ai promis de l'accueillir quand mon mari serait en voyage. Il est là-haut qui attend.

« Je vous donnerai du meilleur vin
Qui soit céans une bonne mesure
Si vous voulez bien me venger.
Montez et donnez-lui une bonne raclée
Pour qu'il ne soit plus tenté d'y revenir.
Les gars bondissent aussitôt.
Tous se dressent sans attendre.
L'un prend bâton, l'autre une trique,
L'autre pilon gros et solide. »

La dame leur donne la clé : « Surtout ne le laissez pas sortir, empoignez-le dès l'abord.

« Par Dieu, font-ils, monsieur le clerc, vous serez bien discipliné. » Suit une volée mémorable que le mari reçoit avant d'avoir pu émettre un seul mot, puis on l'expulse.

« Dehors le tirent comme chien crevé.
Et l'ont sur un fumier jeté.
A la maison sont retournés.
De bons vins eurent à foison,
Tous les meilleurs de la maison,
Et des blancs et des auvergnats,
Autant que s'ils étaient des rois. »

La dame emporte gâteaux et bon vin dans la chambre où la nuit passe agréablement. Au petit matin, le clerc s'en va comblé…

« Et celui qui au fumier gisait
Se remua comme il put... »

Le marchand se traîne vers ses gens, qui s'ébahissent de le voir en si piteux état. On le transporte chez lui où sa femme, constamment maîtresse de la situation, lui prépare un bon bain aux herbes médicinales pour soigner ses plaies et bosses. Et l'homme est heureux !

« Ce qui l'a bien réconforté
Et tiré de mauvais penser
C'est qu'il croit sa femme loyale.
Du reste il se soucie fort peu,
Et pense, quand il sera guéri,
Qu'elle lui sera plus chère qu'avant. »

Les gens de la maison lui racontent comment ils ont traité l'importun.

« Ma parole, dit-il, elle s'en est débarrassée / Comme femme honnête et sensée. »

Voilà une bonne histoire de « cocu, battu et content. » L'expression est de La Fontaine, mais les histoires de cocu ont toujours eu du succès, puisque cet incident n'arrive qu'aux autres.

La vache du prêtre

Le pittoresque du langage renforce bien souvent le comique des situations. Il arrive aussi qu'un mot soit à la base du scénario.

Ainsi, un chien de garde porte le nom original de Estula. Une nuit, le fils du fermier appelle le chien, et l'un des voleurs qui s'étaient introduits dans le potager croit que son compagnon l'appelle. Il répond : « Oui, je suis là. » Grand émoi chez les paysans ; on va chercher le curé avec l'eau bénite et l'étole pour exorciser ce chien ensorcelé.

L'histoire peut aussi être bâtie à partir d'une expression prise à la lettre, toujours par des paysans, comme dans le conte de Brumain la vache du prêtre. Un vilain entend le curé conseiller de faire des offrandes « Car Dieu au double le rendait / A celui qui donnait de bon cœur. » Il propose donc à sa femme de donner au curé leur vache. « D'ailleurs elle donne peu de lait. » Il va offrir la vache au prêtre, qui le félicite. « Si seulement étaient aussi sages / Mes paroissiens que vous l'êtes, / J'aurais abondance de bêtes. »
Pour habituer la vache à son domaine, le prêtre la fait attacher avec la sienne. Mais la vache du paysan veut rentrer chez elle et tire tant et si bien sur la corde qu'elle entraîne la vache du prêtre jusqu'aux lieux qui lui sont familiers. Les voyant toutes deux, le vilain s'extasie : « Vraiment Dieu sait bien doubler, / Car Blère revient avec une autre. / Elle amène une grande vache brune ! / Nous en avons deux pour une ! / Trop petit sera notre appentis...»

Le jongleur et la putain des villes
Boivin s'en vient à Provins, la fameuse ville de foire, déguisé en paysan, vêtu de grosse étoffe grise et chaussé de rude cuir de vache.
« Et, passé maître en fourberie / (un mois et plus était restée / sa barbe sans être rasée) / Un aiguillon prit en sa main/ Pour mieux ressembler au vilain. »

Ainsi grimé, il vient tout droit « en la rue aux putains » et s'assied devant la maison de Mabile.
« Savante en ruse et tromperie / Plus que nulle autre femme qui fut. »
Parlant tout seul, il fait semblant de compter ce qu'il a

gagné à la foire en vendant des biens imaginaires : bœufs, setiers de blé, laine, jument et pourceaux... Il arrive, en truffant ses additions de commentaires pittoresques, au total de 100 sous, une petite fortune, alors qu'il n'a qu'un sou dans sa bourse.
Ce manège réussit ; il attire l'attention des gens de la maison. Soyez sans crainte, dit Mabile à ses comparses, il ne m'échappera pas. Boivin poursuit son monologue : si seulement je savais ce qu'est devenue ma nièce Mabile, partie depuis si longtemps. Moi qui suis si seul depuis la mort de ma femme et de mes trois enfants...Et il ajoute alors :
« Jamais en mon cœur n'aurai joie
Si je ne puis revoir ma douce nièce. »

Bref, il ne lui reste plus qu'à se faire moine. Mabile là-dessus sort et engage la conversation. Ils ne tardent pas à tomber dans les bras l'un de l'autre. Les deux houliers (souteneurs) sortent à leur tour. Présentation, échange de civilités.
« Vrai, c'est mon oncle, dit Mabile,
Dont vous avais tant de bien dit. »
Mabile envoie les deux truands acheter de quoi faire un bon repas. Acheter à crédit (c'est-à-dire sur gages). Qu'importe :
« C'est le vilain qui payera tout.
J'en tirerai plus de cent sous. »

La comédie se poursuit pendant le repas, où Mabile demande des nouvelles de la famille et feint de se pâmer en apprenant tous ces décès. Après manger, Mabile envoie les truands prendre l'air et interroge son « oncle ». Depuis la mort de sa femme, a-t-il eu compagnie charnelle avec d'autres ? C'est très mauvais pour la santé de se priver trop longtemps.

« Nièce, cela fait bien sept ans tout pleins. »
Mabile s'exclame, compatit, et propose son associée Ysane, qu'elle présente, bien entendu, comme une novice.
« Pour son seul pucelage avoir
D'autres paieraient un grand avoir.
Mais vous l'aurez, car ainsi veux. (A Ysane, clignant de l'œil) : Que la bourse lui soit coupée. »

Boivin, qui connaît les pratiques du milieu, a soin de couper les lacets de cuir qui tiennent sa bourse et cache celle-ci sous sa chemise. Tandis qu'il s'empare d'Ysane, celle-ci cherche à tâtons le porte-monnaie convoité, sans le trouver. Après quoi Boivin feint de se désoler en montrant les deux attaches.
« Nièce, on m'a coupé ma bourse !
C'est cette femme qui l'a tranchée. »

Mabile, croyant l'escroquerie réussie, jette le client dehors sans ménagement. Boivin se laisse faire et dans la rue montre aux passants les cordons pendants. Dans la maison, le torchon brûle. Mabile ordonne :
« Donne-moi ça en vitesse.
Que le vilain va au prévôt. »
Mais je ne l'ai pas, proteste Ysane, et pourtant j'ai bien cherché.
« Peu s'en faut que je te brise,
Sale vieille pute, toutes les dents !
J'ai très bien vu les deux pendants
Que tu as coupés, je le sais bien ! » et Mabile l'empoignant aux cheveux, fait tomber à terre Ysane qu'elle roue de coups. Ysane appelle à l'aide son « houlier », qui accourt, enfonce la porte et se rue sur Mabile, qui hurle. Le second

truand, ami de Mabile, se précipite à son secours et empoigne le premier. Au bruit de la bagarre, les voisins accourent.
« On vit alors s'emplir la maison
Et de truands et de putains.
Chacun y mit alors les mains.
Là vous verriez cheveux tirer,
Bâtons frapper, vêtements déchirer, Et l'un sous l'autre s'effondrer. »

Les marchands attirés par le tumulte reçoivent eux aussi quelques éclaboussures de la bagarre. Le seul qui ne se dérange pas est le prévôt, à qui Boivin est allé conter l'aventure. Lui et les siens s'amusent beaucoup : « Souvent lui fit conter sa vie / A ses parents, à ses amis, / Qui moult s'en sont joué et ri. »
Le prévôt héberge trois jours l'astucieux jongleur et lui donne 10 sous de récompense.

Un si petit nombre d'histoires donne une image imparfaite du trésor des contes à rire du XIIIe siècle. De plus, il faut bien avouer que certains fabliaux n'amusent plus guère, les uns parce qu'aucune pointe d'humour n'y vient assaisonner l'obscénité, les autres parce que les coups pleuvent sur des personnages qui semblent n'avoir rien fait pour les mériter. Mais la plupart des fabliaux plaisent encore de nos jours aux jeunes de 7 à 77 ans et au-delà.

La foi et le clergé

5. La vie quotidienne des pèlerins de Compostelle

par André Sigal

Faire pénitence : une attitude essentielle pour le croyant, et que manifeste, plus que tous les autres gestes, le pèlerinage. Aux XIIIe et XIVe siècles, le plus important pèlerinage de l'Europe chrétienne est incontestablement celui de Saint-Jacques de Compostelle. C'est là qu'on a cru découvrir, au IXe siècle, la tombe de l'apôtre Jacques, pèlerin par excellence.

Dès le IXe siècle, les pèlerins, attirés par le prestige de l'apôtre Jacques, affluent vers Compostelle. Toutefois, l'apogée de ce pèlerinage se situe certainement au XIIIe siècle. Non seulement on y vient de toute l'Europe, mais le chroniqueur anglais Mathieu Paris, écrivant au milieu du siècle, signale que la renommée du sanctuaire est parvenue jusqu'en Mongolie.

Le poids croissant de la pénitence

Certains fidèles font plusieurs fois le pèlerinage, comme le bienheureux Facio de Crémone, qui n'aurait pas fait moins de dix-huit fois le voyage. Pour certains, venus des régions les plus proches, le but du pèlerinage est avant tout la recherche du miracle ou l'accomplissement d'un vœu proféré pour obtenir une faveur matérielle, notamment la santé du corps.

Pour d'autres, le pèlerinage est une ascèse entreprise dans le but de se purifier et d'obtenir le salut de son âme en priant dans un lieu particulièrement sanctifié. Ces pèlerins sont ceux qui parcourent les plus longues distances.
Pour une troisième catégorie de pèlerins, le voyage est en réalité imposé par l'Église en punition de péchés graves. C'est ce qu'on appelle le pèlerinage pénitentiel. Au cours du XIIIe siècle, et surtout au XIVe, les tribunaux laïques prirent le relais et envoyèrent aussi des condamnés en pèlerinage. Ce système fut particulièrement employé aux Pays-Bas et dans les pays germaniques. Ces pèlerins par pénitence devaient fournir à leur retour un certificat attestant qu'ils avaient bien réalisé le pèlerinage demandé.

Des routes et des attributs immuables

Au cours d'une cérémonie religieuse organisée dans sa paroisse d'origine, le pèlerin se munit de deux attributs caractéristiques, la besace ou écharpe et le bâton ou bourdon. Ces attributs, bénis par le curé, permettent au pèlerin d'être protégé tout au long de son voyage par un droit particulier : il est exempté de tonlieux et de péages, il est protégé de toute arrestation arbitraire, comme le montre un édit du roi Alphonse IX de Castille qui interdit en 1226 à tous ses vassaux dont les terres se trouvent sur le chemin de Compostelle de molester un pèlerin.
Protégé dans ses biens, des mesures conservatoires lui permettent de confier ses affaires à autrui ou de retarder le paiement de ses dettes. Le pèlerin est donc protégé au Moyen Âge par une ébauche de droit international.
En route vers Compostelle, le pèlerin a le choix entre plusieurs itinéraires. Ce sont les fameux « chemins de Saint-

Jacques », connus dès le XIIe siècle par le *Guide du pèlerin*, rédigé entre 1130 et 1150 probablement par un pèlerin français. Il nous montre quatre grandes voies disposées en éventail à travers la France : la *Via Turonensis* qui partait de Tours, la *Via Lemovicensis* qui partait de Vézelay et passait par Limoges, la *Via Podiensis* qui partait du Puy-en-Velay et la *Via Tolosana* qui commençait à Arles et passait par Toulouse. Ces quatre routes se rejoignaient à la sortie des Pyrénées et formaient alors une seule route qui prit le nom de « chemin français » (*camino frances*). Ces routes, prolongées à la fin du XIVe siècle par « les Itinéraires de Bruges », n'étaient en rien obligatoires (beaucoup de variantes et de chemins de traverse existaient) mais elles étaient recommandées car elles permettaient de visiter des sanctuaires renommés où il était bon de faire ses dévotions. Se greffent donc toute une série de pèlerinages secondaires également très célèbres tels que Saint-Jean-d'Angély, Saint-Martial-de-Limoges, Sainte-Foy-de-Conques, Saint-Gilles-du-Gard.

Les derniers mètres

Les routes qui mènent vers Saint Jacques de Compostelle, sont jalonnées de petits tas de pierres qu'on appelle aujourd'hui des « cairns » et que le Moyen Âge appelait des « montjoies » et qui servaient de repères. C'est aussi le nom de Montjoie que porte la dernière colline du trajet, celle à partir de laquelle on apercevait le sanctuaire de Compostelle. A partir de là, la tradition était de descendre de sa monture, de rendre grâce à Dieu et à saint Jacques et de faire le reste du chemin à pied en l'honneur du saint.

Dangers et inconforts du voyage

Soit par pauvreté, soit par volonté de mortification, la majorité des pèlerins valides voyagent à pied. Pour certaines étapes cependant, particulièrement difficiles comme la traversée des Pyrénées, ils peuvent louer des montures, chevaux ou mulets, que l'on trouve dans les hospices situés au pied de la montagne. Ces étapes pyrénéennes sont redoutées car les pèlerins craignent de se perdre. C'est pourquoi les monastères et les hospices placés sur le chemin font sonner leur cloche à intervalles réguliers.

Le pèlerin loge chez l'habitant ou, pour les plus aisés, à l'auberge mais les auberges espagnoles avaient déjà au Moyen Âge mauvaise réputation. Les pauvres reçoivent souvent l'hospitalité dans un établissement religieux. Non seulement chaque abbaye a en principe un service d'aumônerie pour les passants mais il se développe à partir du XIIe siècle tout un réseau hospitalier particulièrement destiné aux pauvres et aux pèlerins.

Ces hôpitaux ou hospices (au Moyen Âge, les deux mots sont synonymes), fondés à l'initiative de rois, d'évêques ou de simples particuliers, sont souvent confiés à des communautés religieuses : chanoines de Saint-Augustin, templiers, chevaliers hospitaliers de Saint-Jean de Jérusalem ou ordres spécifiques comme celui d'Aubrac, fondé à la fin du XIe siècle pour accueillir les pèlerins dans les solitudes désolées de la Margeride. Dans les Pyrénées, deux grands hôpitaux proposent leur hébergement aux pèlerins, celui de Sainte-Christine au col du Somport et celui de Roncevaux au col du même nom. Un manuscrit du début du XIIIe siècle, appelé *La Preciosa*, y vante le bon accueil des pèlerins : les bains offerts à l'arrivant, la bonne nourriture (il y avait même une salle pleine de fruits : amandes, grenades, etc.), les soins médicaux, l'assistance aux mourants.

Sur la route, le pèlerin n'est pas à l'abri des dangers. Si le départ en pèlerinage s'effectue en principe au printemps ou au début de l'été, il dure plusieurs mois pour les pèlerins du nord de l'Europe (en moyenne six mois, même si des records de deux mois ont été enregistrés) et le voyageur affronte le froid et le mauvais temps. Plus insidieux sont les dangers venus des hommes : pillards et détrousseurs de voyageurs. C'est la raison pour laquelle la plupart des pèlerins voyagent en groupe ou se regroupent en chemin, souvent entre voyageurs de même pays.
A ce propos, un des miracles les plus célèbres de saint Jacques relate l'histoire du pendu dépendu : selon la version la plus développée, un jeune homme voyageant avec ses parents vers Compostelle refuse à l'auberge les avances d'une servante. Dépitée, celle-ci cache dans les bagages du pèlerin un vase précieux puis va le dénoncer comme voleur. Arrêté, le jeune homme est condamné à mort et pendu mais saint Jacques le soutient miraculeusement et, à leur retour, ses parents le retrouvent vivant.

Finalement le jacquet (c'est ainsi qu'on nomme les pèlerins de Compostelle) arrive au sanctuaire. Il visite l'église et les nombreuses reliques qu'elle abrite, va s'agenouiller devant la statue de saint Jacques qui trône sur le grand autel, dépose son offrande dans un grand coffre selon un rituel précis. Beaucoup passent la nuit à prier dans l'église et le tableau pittoresque donné par un document du XIIe siècle s'applique aussi aux siècles suivants : les pèlerins français, allemands, italiens, grecs chantent et prient ensemble, chacun dans sa langue, tandis que retentissent les sons de toutes sortes d'instruments de musique.

La coquille, preuve et protection du pénitent

Un certain nombre de pèlerins continuaient leur pèlerinage jusqu'au Padron, lieu où, selon la légende, le corps du saint aurait abordé sur une barque de pierre. Ils en profitent parfois pour ramasser sur le rivage des coquilles qu'ils cousent ensuite sur leur besace ou leurs vêtements. La plupart achète en fait ces coquilles ou des reproductions en plomb de celles-ci sur le parvis de la cathédrale. Plus de deux cents coquilles ont été retrouvées dans des tombes de pèlerins situées dans toute l'Europe.

Sur le chemin du retour, la coquille atteste l'exécution du pèlerinage et place le pèlerin sous la protection directe de l'apôtre. Une fois rentré chez lui, il n'oublie pas de vénérer saint Jacques lors de sa fête, surtout s'il fait partie de l'une des confréries Saint-Jacques qui se développent beaucoup au XIVe siècle et qui permettent de prolonger les effets du pèlerinage en reconstituant la vaste famille de ceux qui ont affronté la route pour aller vénérer le saint.

6. Comment échapper aux supplices de l'enfer

par Jérôme Baschet

L'ici-bas ne se conçoit pas, au Moyen Âge, sans l'au-delà. La crainte de l'enfer et l'espoir du paradis guident le comportement de chacun. Ces deux extrêmes s'adaptent de moins en moins aux attentes des fidèles : pour y remédier, et prouver la bonté du Seigneur, l'Église invente le purgatoire, la confession et les indulgences

Sans doute toutes les sociétés anciennes accordent-elles une grande attention au destin après la mort, et aux relations entre défunts et vivants. Mais tandis que la Grèce ancienne ou le judaïsme primitif regroupaient tous les morts dans un univers souterrain pour l'essentiel unifié, le christianisme introduit un partage moral radical : l'Évangile de Matthieu (chapitre 25) annonce le Jugement dernier, à la fin des Temps, où le Christ séparera les boucs et les brebis, envoyant les mauvais dans le feu éternel et invitant les justes à rejoindre le Royaume des cieux.

L'idée d'une justice divine, qui compense dans l'autre monde l'iniquité de la société des hommes, le scandale de la souffrance des justes et du triomphe arrogant des impies, prend dès lors un relief considérable. Le message évangélique, amplifié par les pères de l'Église, fonde la croyance en un au-delà duel : paradis ou enfer éternel.

L'attente du Jugement dernier

Sur d'autres aspects, les conceptions de l'au-delà vont connaître des adaptations et des évolutions. Le Nouveau

Testament fixe pour perspective l'attente du Jugement dernier et de la fin des temps. Alors, aura lieu la résurrection des corps, qui tous sortiront des tombeaux, seront rendus par la mer ou les animaux sauvages. Le sort dans l'au-delà, ce n'est donc pas seulement la survie de l'âme, c'est aussi le destin éternel du corps ressuscité. Les damnés seront donc tourmentés, dans leur corps et dans leur âme, et les élus bénéficieront, dans la béatitude céleste, d'un corps glorieux, doté de dons merveilleux, se déplaçant sans effort, rayonnant de lumière, d'une parfaite beauté et d'une éternelle jeunesse. Telle est la rédemption que le christianisme promet, dans l'autre monde, à ce corps qu'il voue ici-bas au mépris.
Cette attente de la résurrection et du Jugement dernier est unanimement partagée au Moyen Âge. Pourtant, l'espérance d'une justice future ne pouvait suffire. La société chrétienne s'installant peu à peu dans la durée et consolidant sa stabilité, il fallait bien se soucier du destin présent des âmes, entre la mort individuelle et le Jugement dernier.

A l'imprécision des premiers siècles succèdent des réflexions de plus en plus développées. On admet finalement que les âmes puissent aller dans des lieux de châtiment ou d'attente bienheureuse, puis finalement, à la fin du XIIe siècle, dans l'enfer ou dans le royaume des cieux eux-mêmes. Des récits rapportent des visions d'un jugement de l'âme, subi dès le lendemain de la mort, ce que les théologiens intègrent dans leurs systèmes, au cours du XIIe siècle. L'attention des vivants est de plus en plus focalisée sur le sort de l'âme, celui que chacun espère et redoute après sa propre mort, et celui des proches défunts, pour lesquels il faut multiplier prières et dons charitables.

Et pourtant, dans le même temps, l'attente du Jugement dernier et l'espoir d'un corps glorieux, à l'image de celui que les gisants figent dans la pierre, conservent toute leur acuité. D'autre part, ce temps intermédiaire des âmes ne permettait-il pas d'introduire un peu de souplesse dans le schéma binaire de l'au-delà ? C'est bien ce que montre le processus qui aboutit à la naissance du purgatoire, à la fin du XIIe siècle.

La naissance du purgatoire

L'idée ne naît pas de rien, mais, comme l'a montré Jacques Le Goff, c'est alors qu'apparaît la conception d'un lieu spécifique, dans lequel les âmes peuvent se purifier de certaines fautes.

Sans doute, les péchés mortels non confessés condamnent-ils toujours à l'enfer. Mais les péchés avoués, pour lesquels la pénitence n'a pas été accomplie sur terre, peuvent être expiés dans le purgatoire. C'est déjà beaucoup, et cela ouvre la voie du paradis à de nombreux individus, et surtout à des groupes sociaux que l'Église plaçait jusque-là dans une position très délicate, comme par exemple les usuriers. En ce sens, le purgatoire, c'est bien l'espoir : le châtiment nécessaire n'est pas toujours éternel.

A partir de la fin du XIIIe siècle, les images montrent les âmes du purgatoire, certes tourmentées dans les flammes, mais aussi réconfortées et bientôt libérées par les anges. Peu après, au début du XIVe siècle, Dante donne au purgatoire, dans la *Divine Comédie*, une importance inédite, égale à celle de l'enfer et du paradis. C'est un signe parmi d'autres du succès croissant de la nouvelle croyance en ce troisième lieu. En même temps que s'affirme le purgatoire, les théologiens scolastiques, surtout au XIIIe siècle, synthétisent les conceptions de l'autre monde et définissent le système des cinq lieux de l'au-delà.

La complexe géographie de l'au-delà

Outre l'enfer, le paradis et le purgatoire, on y trouve les deux limbes : celui des patriarches, c'est-à-dire les justes de l'Ancien Testament que le Christ a libérés lors de sa descente aux enfers, entre sa Crucifixion et sa Résurrection (c'est, depuis, un lieu vide) ; et celui des enfants morts sans baptême. Dans les premiers siècles, ces enfants étaient voués à l'enfer, en raison de l'absence du sacrement salvateur. Puis, à partir du XIIe siècle, les clercs leur ont réservé un lieu spécifique, et ont admis qu'ils ne subissaient aucun tourment corporel. Pourtant, cette amélioration ne touche pas l'essentiel : ils demeurent dans un lieu souterrain et ténébreux, privés de l'accès au paradis et à la compagnie de Dieu.

Ainsi, les conceptions médiévales sont devenues plus élaborées et nuancées. Mais ne nous y trompons pas. Certes, il a fallu faire plus de place à l'espoir, tenir compte de la complexité croissante de la société. Pourtant, en dépit des aménagements, l'au-delà reste fondamentalement duel : après le Jugement dernier, n'existeront plus que deux lieux, enfer et paradis ; et déjà, dans le temps présent, le purgatoire débouche toujours sur l'accès au ciel. L'au-delà n'est, au bout du compte, que damnation ou salut, accès à Dieu ou rejet loin de lui. Les clercs, et notamment les scolastiques, ont su pousser très loin leur casuistique subtile, mais la perspective ultime demeure déterminée par une morale du bien et du mal.

La précision des images et des récits

Ces lieux, en quoi consistent-ils, et comment les hommes des derniers siècles du Moyen Âge se les représentaient-ils ? Pour le théologien, l'essentiel est la relation à Dieu : la récompense suprême consiste à être avec Dieu, à bénéficier de la vision béatifique de la Trinité ; par contraste, la pire peine des enfers est le dam, la privation de cette vision et de cette compagnie divines. En ce qui concerne l'enfer, ils soulignent l'importance des peines corporelles, mais sans les évoquer davantage que par les mentions attestées dans l'Écriture, le feu et les vers.

Toutefois, les clercs eux-mêmes, dans les traités de morale ou dans les sermons, savent être beaucoup plus explicites. Le besoin de se représenter concrètement l'au-delà conduit à multiplier récits et images. De nombreux textes diffusent

Châtiment éternel ou temporaire ?

Il faut à saint Augustin, auteur fondamental pour la société médiévale, un livre entier de sa *Cité de Dieu*, pour défendre l'idée de l'éternité des peines infernales. Car est-il aisé d'admettre que Dieu condamnera tous les non-baptisés et les chrétiens décédés en état de péché mortel à un tourment si atroce, sans espoir de jamais sortir de ces flammes redoutables ? N'est-ce pas contraire à l'image d'un Dieu d'amour et de pardon ? Ne faut-il pas concevoir seulement des peines provisoires, suffisantes pour faire payer les fautes commises ? C'est ce que défendent les miséricordieux, qu'Augustin combat. Mais le père de l'Église est intraitable : le pardon a ses limites et le châtiment doit être éternel. Sur ce point, la doctrine chrétienne n'évoluera pas. Mais il y a de bonnes raisons de penser que beaucoup d'hommes des siècles médiévaux ont dû partager des sentiments plus miséricordieux.

des récits de voyages dans l'au-delà, comme celui de l'Irlandais Tnugdal ou du chevalier Owein dans le purgatoire de saint Patrick, qui connaissent l'un et l'autre un grand succès : l'âme du bénéficiaire s'est séparée du corps, généralement pendant une maladie, et a visité les lieux de tourments de l'enfer et le séjour céleste des élus, qu'elle peut décrire une fois revenue parmi les vivants. C'est, sous une forme différente, ce même voyage que Dante entreprend, sous la conduite de Virgile.

On voit aussi le paradis et l'enfer sur la scène des mystères religieux, des représentations théâtrales jouées sur les places des villes. On les voit, enfin et surtout, dans une iconographie toujours plus abondante. La figuration la plus fréquente de l'enfer, c'est alors la gueule du Léviathan, le monstre qui ouvre ses larges mâchoires pour engloutir les damnés, ainsi qu'on le voit par exemple aux tympans des grandes cathédrales (Paris, Chartres, Bourges...). L'enfer apparaît comme une puissance animale, manifestant une hostilité dévoratrice soulignée par ses crocs acérés, par sa mâchoire grimaçante et son regard hypnotique. Au milieu de l'agitation des flammes et des serpents, les démons, aux corps animaux et monstrueux, s'affairent avec leurs crochets et leurs armes. Parmi les damnés, entassés de manière confuse ou bien mis à bouillir dans une marmite, on reconnaît souvent, à leur coiffe, rois et évêques (il y en a aussi au paradis !), ainsi que l'avare, avec sa bourse autour du cou, et la luxurieuse, mordue aux seins et au sexe par des serpents ou des crapauds.

L'enfer est le royaume du vice et du désordre. A partir du XIVe siècle, d'abord en Italie et notamment dans les

fresques du Campo-Santo de Pise, se développe un type nouveau de représentation de l'enfer. Satan, « l'empereur du règne de douleur », comme dit Dante, s'y montre de plus en plus, dans sa majesté inquiétante, comme un véritable souverain, enfournant les damnés dans sa gueule.
On voit également se diversifier les supplices : pendaison, amputation, castration, corps mis à rôtir sur une broche, écorchement... L'abondant répertoire des châtiments de la justice terrestre est convoqué, et même largement dépassé par cet imaginaire sadique. De plus, on se soucie d'adapter le châtiment à la faute commise : les coléreux se poignardent mutuellement, les avares sont gavés d'or fondu, les sodomites empalés, les orgueilleux foulés sous les pieds de Satan, les luxurieux unis en un éternel accouplement (dans le feu !), les gloutons placés devant une table sans pouvoir manger.

Pour les élus, le jardin paradisiaque

C'est le temps du triomphe de la justice de l'au-delà, une justice rigoureuse, à laquelle nul ne peut échapper : un rêve pour les juges des tribunaux terrestres, qui cherchent également à affirmer la codification rigoureuse du droit, mais doivent se résoudre à prononcer la moitié de leurs sentences par contumace ! Heureusement, le déchaînement infernal est toujours contrebalancé par l'image du paradis. Après l'imagination de tant de monstres et de supplices, la pensée du jardin paradisiaque, verdoyant et lumineux, apporte réconfort et apaisement. On peut voir ainsi les élus gambader au milieu des arbres et des fleurs, se livrer à la danse et au chant, parmi les anges. Mais l'image les montre plus souvent dans une architecture somptueuse, évoquant la Jérusalem céleste, la cité de pierres précieuses décrite par l'Apocalypse de Jean.

Reste maintenant à poser une question décisive : comment les hommes de la fin du Moyen Âge percevaient-ils ces représentations, ou les sermons dans lesquels les clercs évoquaient si fréquemment de semblables conceptions ? Quels sentiments éprouvaient-ils ? Et d'abord, étaient-ils terrifiés par l'enfer ? Si l'on admet que l'on croyait à la vie éternelle et à l'au-delà, il est logique de le croire, d'autant plus que la pastorale des clercs insistait avec vigueur sur les innombrables péchés qui accablent l'homme.

Confession et messes : de sages précautions

Pour les péchés actuels, commis au cours de la vie, l'arme c'est la confession, dont le concile de Latran IV (1215) assure la promotion décisive, en imposant la règle d'une pratique annuelle. Dès lors, les prédicateurs n'ont de cesse de rappeler que la confession permet d'effacer les péchés et d'échapper à l'enfer : une seule larme de contrition suffit à éteindre le feu de l'enfer, dit-on…

Inversement, on peut se demander si la menace de l'enfer n'est pas largement utilisée pour inciter les fidèles à se confesser : on suscite la crainte pour mieux faire valoir le moyen de s'en libérer. L'usage des sept péchés capitaux dans l'image de l'enfer pourrait d'ailleurs avoir ce rôle : il montre les péchés que le fidèle doit reconnaître en lui, pour mieux les avouer dans sa confession. En tout cas, l'enfer vise moins à faire peur qu'à faire agir. Pour les clercs eux-mêmes, l'angoisse n'est pas sa propre fin ; elle doit conduire à rechercher les moyens qui conduisent au salut. La confession, et tous les sacrements que dispensent les clercs, sont les principaux. Enfin, les pratiques directement liées à la mort – testaments ou culte des âmes du purgatoire – montrent que tous les fidèles (ou presque) agissent dans l'espoir du salut. Leurs testaments prévoient des dons charitables, des messes qui doivent être célébrées pour leur âme. Certes, l'inflation de ces demandes de messes – jusqu'à 50 000, pour un seigneur du Bordelais ! – suggère une grande inquiétude. Mais on croit toujours que le nombre viendra à bout des difficultés. Nul ne doit désespérer de son salut : ce serait un terrible péché… Certes, ces demandes de messes, ainsi que l'essor du culte des âmes du purgatoire et bientôt celui des indulgences, montrent qu'un nombre croissant de fidèles estime devoir passer un temps dans le purgatoire.

Tel semble être devenu, à la fin du Moyen Âge, le cursus normal. L'épreuve est rude, et peut-être longue ; mais la délivrance est au bout. Toutefois, le fonctionnement de ce système peut être mis en question. Divers témoignages en suggèrent les limites. L'inversion satirique est possible : dans une fable chantée du XIIIe siècle, le jeune seigneur Aucassin déclare qu'il n'a que faire du paradis, où vont « les vieux prêtres, les éclopés et les manchots », qu'il est prêt à aller en enfer, où vont « les beaux étudiants et les beaux chevaliers, les belles dames de la société polie, les joueurs de harpes et les jongleurs », pourvu que Nicolette, sa douce amie, soit avec lui. Dans le fabliau *Saint Pierre et le jongleur*, saint Pierre libère des damnés en gagnant une partie de dés contre le diable qui garde l'enfer…

7. Une horde de revenants enrichit l'Église

par Jean-Claude Schmitt

Poursuivant les vivants, les revenants hantent tout le Moyen Âge. Surprenant un roi pour réclamer des réformes, ou un simple mortel pour se rappeler à son bon souvenir, le fantôme est omniprésent. L'Église est la première à répandre leurs aventures, car ces défunts en mal de paix se révèlent une source considérable de profits.

Les récits de revenants frappent l'imagination des hommes du Moyen Âge. A partir du début du XIIe siècle, une troupe fantastique du nom de « mesnie [de] Hellequin » ou *familia Hellequini* – plus tard, on parlera de la « Chasse sauvage » - fait peur aux vivants. Hellequin ou Herlequin (qui a donné Arlequin), ou encore Herla, n'est autre que le « roi des morts » qui à la tête d'une horde bigarrée de chevaliers damnés, de femmes perdues et de nains démoniaques, hante les carrefours et la lisière des forêts. Quiconque a le malheur de rencontrer la mesnie Hellequin risque d'être emporté à sa suite dans la mort et l'enfer, à moins qu'il ne garde sur son corps jusqu'à la fin de ses jours la trace indélébile qu'y aura laissé la main brûlante d'un trépassé, preuve que l'apparition fut bien réelle.

Des histoires à usage politique

Or ces récits furent très souvent utilisés, notamment dans les domaines des Plantagenêt – Angleterre, Normandie, Anjou, Poitou – pour montrer au roi Henri II que sa propre *familia* (sa cour, sa parenté et la suite de ses familiers) présentait des analogies, par son errance et ses vices, avec cette troupe infernale, et que si lui-même n'y prenait garde, il pourrait bien un jour en grossir les rangs avec tous les siens. D'autres récits d'apparition, beaucoup plus amples et détaillés encore, furent même explicitement mis par écrit pour des souverains.

Par exemple, au début du XIIIe siècle, Gervais de Tilbury rédigea pour l'empereur Otton IV, réfugié sur ses terres de Brunswick après la terrible défaite que le roi de France Philippe Auguste lui avait infligée à Bouvines en 1214, ainsi qu'à son parent et allié le roi d'Angleterre Jean sans Terre, une compilation de récits merveilleux supposés l'instruire et le consoler de ses malheurs. Parmi ces récits se trouvent plusieurs histoires de revenants, dont la plus longue concerne un jeune mort de Beaucaire, tué dans un duel, qui ne cessait d'apparaître à sa jeune cousine. Les deux jeunes gens s'étaient sans doute secrètement aimés. L'affaire ne tarda pas à devenir publique et l'auteur lui-même put interroger le mort et obtenir, à l'intention de l'empereur et de l'Église, toutes sortes d'édifiantes paroles sur les fins dernières, les lieux de l'au-delà et même la nécessité de combattre avec la plus extrême rigueur les hérétiques albigeois.

Les spectres, de « mauvais morts »

Les folkloristes et les ethnologues de l'Europe ont depuis le siècle dernier recueilli une foule de récits de revenants. Ils ont aussi montré que ces récits fantastiques et parfois terrifiants se référaient à des morts anormales, autrement dit que la manière dont on meurt influe sur le déroulement de la mémoire funéraire et peut la perturber. Sont concernées avant tout les morts violentes, sanglantes et prématurées : la victime d'un meurtre, une mère qui meurt en couches, un enfant mort sans baptême, un suicidé.

Toutes ces morts ont en commun d'avoir interrompu le cours normal de l'existence, d'avoir brutalement anticipé sur le processus habituel du vieillissement et de la bonne mort chrétienne qui survient à son heure : ce sont des morts prématurées, *mors immatura* disait-on au Moyen Âge. Ces défunts n'ont pas eu le temps de se préparer au « passage », de se purifier physiquement ni surtout spirituellement, de recevoir les derniers sacrements : pour un chrétien, la pire des morts est la « mort subite » (*mors spontanea*). Elle condamne à mourir en état de péché et même de péché mortel dans le cas des suicidés, qui sont « homicides de soi-même ». Au Moyen Âge, ces « mauvais morts » sont effectivement nombreux dans les récits de revenants. Mais ils ne sont pas les seuls.

Les messes des morts, source de profits

En fait, on observe à partir des Xe-XIe siècles une multiplication des récits de revenants, d'abord dans la littérature monastique puis dans des sources plus variées et qui émanent aussi de milieux laïcs. Dans tous ces récits s'élargit considérablement la gamme des circonstances dans lesquelles un mort est susceptible de « revenir ».

Le Moyen Âge central a étendu la notion de « mort prématurée » en raison des nouveaux critères auxquels les chrétiens devaient se soumettre pour pouvoir prétendre au salut. A la conception presque « dualiste » de l'au-delà caractéristique du Haut Moyen Âge, divisé entre un vaste enfer et un non moins vaste paradis, s'est substituée entre le XIe et le XIIIe siècle une conception plus nuancée et dynamique de l'au-delà chrétien, faisant la part belle à un état puis un lieu intermédiaire, le « purgatoire »[5]. Les mérites individuels acquis durant la vie peuvent écourter le temps d'épreuve après la mort. Mais ce sont surtout les « suffrages » offerts par les vivants pour le salut de leur parent défunt, qui accélèrent la libération du purgatoire et la rédemption de l'âme en peine.

C'est cette solidarité nouvelle des vivants et des morts qui explique dans une grande mesure la multiplication des récits de revenants : les morts sont en effet censés « revenir » pour implorer les vivants et les faire bénéficier de leurs suffrages et ainsi de leur permettre d'échapper plus vite aux épreuves purgatoires. Et comme ces suffrages devaient s'acheter – une messe toujours se paie -, l'Église a naturellement encouragé la multiplication de ces récits, leur mise par écrit, leur usage dans la prédication. Ce faisant, elle rompit avec sa propre tradition de méfiance à l'égard des revenants, qu'elle assimilait à la nécromancie et au paganisme.

Des « phantasmes » très réels

Certes, ces morts qui apparaissent dans les rêves des vivants, ces « esprits » (*spiritus*) dont on dit même qu'ils peuvent se présenter à eux en plein jour, n'ont pas d'autre réalité que celle que les vivants leur prêtent : du reste, les textes parlent eux-mêmes de « fantaisie » (*fantasia*) et d'« imagination » (*imaginatio*), de « phantasmes » (*fantasmata*), d'« apparences » (*species*) et d'« images » (*imagines*) oniriques et visionnaires. Ces mots, nous les utilisons aujourd'hui encore, mais en leur donnant des sens diffé-

5 Voir chapitre 6.

rents : les rêves et l'imagination n'ont pas pour nous une autre source que la psychologie de l'individu. Au Moyen Âge, sans écarter totalement ce type d'explication, on pensait surtout qu'ils procédaient de puissances objectives et surnaturelles : Dieu, les anges, les démons, les morts eux-mêmes qui désiraient visiter leurs parents encore en vie pour implorer leur aide, envoyaient des rêves et des visions dans l'esprit des hommes ou se montraient à eux en rêve ou dans une vision éveillée. La majorité des récits médiévaux de revenants, le plus souvent écrits en latin par des clercs, font état d'une vision à l'état de veille, en plein jour et souvent en plein air.

Un mort singulier, parfois accompagné d'autres morts, se présente à un vivant, alors que celui-ci est seul. Il lui apparaît sous une forme très humaine et même très corporelle, au point que l'autre se méprend sur cette apparition, s'étonne d'abord de voir un homme qui paraît vivant alors qu'il le croyait mort.

Certains récits racontent même que le vivant a frappé le mort et entendu à ce contact comme un bruit sourd ou qu'il l'a tenu dans ses bras comme s'il s'était agi d'un véritable corps. Le mort parle, dialogue avec le vivant, lui explique son état et lui demande de l'aider par des prières, des messes et des aumônes. Puis il disparaît aussi soudainement qu'il lui était apparu. Si le vivant résiste et néglige de donner suite à la requête du mort, celui-ci ne manque pas de réapparaître une deuxième ou une troisième fois, ou de visiter une tierce personne qu'il chargera de faire pression sur la première. Il n'est pas rare qu'une première vision éveillée se double d'une apparition en rêve ou inversement, l'une venant confirmer l'autre.

Apparitions « réelles » et apparition rêvées

Mais le plus important dans ces récits, plus encore que leur contenu répétitif, réside dans la chaîne des témoins et des intermédiaires que le narrateur mentionne très précisément comme une garantie de l'authenticité de sa relation. Plus le récit circule – à l'instar de la relation d'un fait divers aujourd'hui – plus il se « solidifie », donne au mort une réalité corporelle, une voix, des vêtements et s'affranchit de tout soupçon de doute au profit d'une leçon univoque. Tous ces détails bien « réels » concourent à garantir la véracité du récit.

Il en va tout autrement des récits racontés par ceux qui se présentent comme les bénéficiaires directs de l'apparition. De tels récits, minoritaires parmi les centaines de récits disponibles, sont des plus passionnants. Ils ont bénéficié de l'essor au cours du Moyen Âge de la littérature autobiographique. Celle-ci fait toujours une large place au rêve, qui permet de parler de soi, de son rapport affectif et intime aux autres, à Dieu et aussi aux morts qu'on a aimés.

Tous les récits autobiographiques de revenants sont des récits de rêve. Ces récits permettent à l'historien d'avoir un accès direct aux formes du « travail du deuil » (parvenir à oublier le mort) tel que les hommes du Moyen Âge pouvaient, dans la douleur et le cauchemar, en faire l'expérience. Le mort n'y est pas présenté comme dans les récits rapportés de vision éveillée : son apparition n'a pas le même caractère de réalité objective, mais semble plutôt fantomatique, insaisissable et ambivalente. Par exemple, le dormeur peut vouloir étreindre dans son sommeil le mort qu'il reconnaît et qui lui parle, mais l'autre lui glisse entre les doigts comme s'il n'était que du vide…

Par leur contenu, leur mode de transmission et leurs fonctions, les récits de revenants se firent au Moyen Âge l'écho des aspects les plus divers de la société et de la culture, depuis la dévolution des héritages et les échanges économiques entre les laïcs et l'Église, jusqu'à la politique des rois, des empereurs et des papes, en passant par les pratiques funéraires et liturgiques, le « travail du deuil » des individus et leurs hantises nocturnes les plus secrètes. Car les morts étaient au centre de la vie, comme le cimetière au centre du village. Les rythmes de la liturgie soutenaient leur mémoire chez leurs parents et leurs amis, même si l'oubli finissait nécessairement par l'emporter.
Entre temps, ils avaient joué leur rôle, permis à l'Église de s'enrichir un peu plus, aux pauvres de recevoir quelques aumônes en leur nom, laissé le temps à leurs héritiers de résoudre leurs conflits et à leurs proches les plus chers celui de sécher leurs larmes.

8. Les fabliaux (2) : Quand Andersen plagie Le Pauvre Clerc

par Marie-Thérèse Lorcin

Un étudiant est obligé de quitter Paris, faute de ressources, et de retourner vers son pays, à pied et sans un denier en poche. Le soir venu, affamé, il demande l'hospitalité dans une ferme. Mais la maîtresse de maison refuse de l'accueillir. Tandis qu'il la supplie, il voit un valet qui apporte du vin, il voit la servante qui prépare le petit-salé et un gâteau…

« Ah, madame, comme il serait bon,
Fait le clerc, de rester chez vous ! »

Laquelle dame lui ferme la porte au nez. Le clerc erre dans le voisinage, et voit arriver un prêtre.

« Caché dans sa cape noire
Qui tout près de lui passa »,

et entre dans la maison où il fut si mal accueilli. Tandis que le clerc se lamente, le paysan qui rentre chez lui l'interpelle, et s'indigne qu'il ait été éconduit. Tous deux arrivent à la porte, et le paysan crie pour qu'on leur ouvre. Sa femme affolée cache le prêtre dans une mangeoire et dissimule les bonnes choses préparées pour lui puis va ouvrir. Le paysan fait asseoir son hôte et demande ce qu'il y a à manger. La femme lui répond qu'il n'y a rien, et qu'il doit bien le savoir puisqu'il est allé au moulin pour rapporter de la farine. Le brave homme se désole de ne pas recevoir plus dignement le jeune clerc. La dame, pressée de se débarrasser des gêneurs, ordonne à la servante de prendre la farine « Et tu vas leur faire à manger / Du pain, qu'ensuite ils s'aillent coucher ! »

Puisqu'il faut bien attendre, le maître de maison interroge son hôte. Un jeune aussi instruit que vous, dit le paysan, doit avoir quantité de choses à raconter.

« Dites-nous donc un beau récit, / Ou de chanson ou d'aventure. »

Je ne sais ni chanson ni fable, dit le clerc, mais si vous voulez je puis vous raconter une peur que j'éprouvai récemment. Et le clerc commence de dire une histoire qui va mettre la femme dans un embarras croissant et qui permettra à tous de manger autre chose que du pain. Tout à l'heure, au sortir d'un bois, je rencontrai un troupeau de porcs. Mais le berger n'était pas là. Et voilà qu'un loup énorme saute sur un des porcs pour l'emporter.

« Bien fut la chair aussi grasse
Que celle que votre servante
Sortit tout à l'heure du pot. »

Le mari s'étonne ; la femme avoue qu'elle avait acheté de la viande. L'homme s'en réjouit pour son hôte, qui poursuit. Le loup se met à dévorer le porc, et le sang coule.

« Il était d'aussi beau vermeil
Que le vin que le garçon
Apporta en la maison
Ce soir quand j'étais à la porte. »

Et le paysan d'interroger sa femme : avons-nous du vin ?, lui demande-t-il

« Oui, sire, par saint Martin,
Nous en avons en quantité.
Voyez, j'avais à vous pensé
Bien plus que je ne le disais. »

Le clerc poursuit. Je cherchai de quoi frapper le loup pour lui faire lâcher prise, mais ne trouvai qu'une pierre. « Je

crois bien que, sans mentir,
Le gâteau qui est céans
Et préparé par la servante
Est bien plus gros que cette pierre. »

Si la dame est de plus en plus ennuyée, son mari est fort content. Il pourra offrir à son invité un repas digne de ce nom. Il croit l'histoire terminée, mais non. Je ramassai la pierre pour la jeter au loup, continue le clerc, mais alors il se mit à me regarder « De la même façon que le prêtre / Me regarde par les fenêtres / De cette crèche qui est là. » Cette fois le mari bondit et se rue sur le prêtre, il lui ôte robe, cote et chape, pour en faire cadeau à l'étudiant qui sait si bien conter et pour qui ces vêtements seront une aubaine.

« Bien fut reconnu son mérite / Et le prêtre, lui, eut grand'honte. »

Le prêtre luxurieux surpris par le mari s'en tire rarement à si bon compte dans les fabliaux... Mais thèmes et personnages sont familiers : un paysan généreux et une femme infidèle, un prêtre qui a tout ce qu'il faut et un clerc qui n'a rien, et qui joue toujours le rôle sympathique.

Hans Christian Andersen (1805-1875), le célèbre conteur danois a donné de ce thème folklorique une version pour enfants dans *Le Grand Claus* et *Le Petit Claus*. Le petit Claus, éconduit, regarde par les fentes du volet la femme du paysan et le sacristain qui font bombance. Lorsque le paysan arrive chez lui, tout disparaît comme par enchantement. « C'était un brave homme, mais qui avait la singulière maladie de ne pas supporter la vue des sacristains ; si un sacristain paraissait à ses yeux, il devenait furieux. C'est pourquoi le sacristain était entré dire bonjour à sa femme, sachant que le mari n'était pas chez lui, et c'est pourquoi la brave femme avait sorti pour lui ce qu'elle avait de meilleur. » Entendant arriver le paysan, ils furent très effrayés, la femme fit cacher le sacristain dans une grande caisse vide. « Et il le fit, car il savait que le pauvre homme ne pouvait pas supporter de voir un sacristain. » A l'instar du *Roman de Renart*, les fabliaux fournirent au patrimoine littéraire européen une gamme étendue de situations comiques qui firent long feu même si la vogue des fabliaux fut courte.

9. Les Templiers sans secret ni mystère

par Bertrand Galimard Flavigny

La première mission du Temple est d'assurer la police des routes auprès des Lieux saints et de protéger les pèlerins. Les Templiers, liés par le vœu solennel de combattre les ennemis de Dieu « dans l'obéissance, la chasteté et la pauvreté », constituent d'abord un ordre guerrier.

Dès l'origine, Hugues de Payens et ses compagnons qui s'étaient donnés le nom de Pauvres Chevaliers du Christ, se consacrèrent au service de Dieu sous la règle des chanoines de Saint-Augustin. Ils s'y soumirent de l'année de leur fondation – 1118 selon la tradition, en fait entre le 1er novembre 1119 et le 12 janvier 1120, selon certains historiens – jusqu'en 1128, année de leur reconnaissance par le pape Honorius II, lors du concile de Troyes. Après que le « maître de la chevalerie » eût exposé au chapitre « la manière et l'établissement » de son ordre, il reçut une Règle.

Cette dernière, malgré une grande abondance de détails, avait une importante vertu : la discrétion. « Dans tous les cas, elle reste humaine et modérée », explique Laurent Dailliez qui l'a largement étudiée. « Le bon sens, la douceur donnent le sentiment qu'aucune austérité extraordinaire ne vient troubler la vie du Templier. Tout est prévu, le nécessaire du corps, une nourriture et un sommeil suffisants, compte tenu du rôle actif des frères. La Règle n'est pas conçue pour les champions de l'austérité et encore moins pour une élite intellectuelle. »

Presque des moines par leur règle

La Règle du Temple, essentiellement d'observances religieuses, quoique fondée sur celle de Saint-Augustin, est beaucoup plus proche de celle de Saint-Benoît. Seule différence, le législateur des bénédictins s'appuie sur des préceptes contemplatifs tandis que celui du Temple, équilibrant la contemplation et l'action, est moins liturgique tout en conservant à l'intérieur des maisons, une observance monastique.

Neuf compagnons à Jérusalem

On a longtemps cru que saint Bernard, parent d'Hugues de Payens, avait été l'auteur de la Règle du Temple. Mais cela est faux. La preuve : il déclara lui-même qu'il ne connaissait pas les principes de bases de l'ordre. L'entrée de son oncle André de Montbard, lui avait déplu. « Il est mon parent, devait-il écrire au pape en 1141, et, selon, l'avis du prophète, je n'ai pas dû mépriser mon propre sang.» Enfin, le cardinal Jacques de Vitry, auteur d'une *Histoire de la Terre sainte* incluant un récit sur les débuts du Temple, ne signale aucunement la rédaction du texte de la Règle par saint Bernard.

Les étapes de la fondation

Cette Règle s'ouvre sur le procès-verbal du concile de Troyes et se décompose en soixante-dix articles se subdivisant eux-mêmes en plusieurs parties. Cette première rédaction sera suivie d'une autre, due à Étienne de Chartres, patriarche de Jérusalem (1128-1130), la Règle latine. Celle-là fixe essentiellement les différentes catégories de membres : les chevaliers, les sergents et écuyers qui sont leurs auxiliaires, les prêtres et les clercs et enfin les serviteurs, artisans, et domestiques.

Robert de Cran, le successeur d'Hugues de Payens obtint du pape Innocent II, le 29 mars 1139, la bulle *Omne datum Optimum* qui confirme d'abord la Règle élaborée par le concile de Troyes et accorde à l'ordre plusieurs importants privilèges dont l'exemption de la juridiction épiscopale, le plaçant sous la tutelle exclusive et la protection du Saint-Siège, le droit d'avoir ses propres prêtres, l'exemption des dîmes, le droit de faire bâtir des oratoires et d'y faire enterrer ses membres. C'est la consécration de sa propre autonomie. Cette grande charte fixait la constitution de l'ordre d'une manière définitive. S'y ajoutèrent sous le règne de Bertrand de Blanquefort (1156-janvier 1169) des Retraits ou statuts hiérarchiques adaptant la Règle de 1128 aux nécessités de la vie quotidienne et à l'extension de l'ordre.

L'humiliation des postulants

Ils furent neuf compagnons, tous de hauts barons, dit-on qui se réunirent autour d'Hugues de Payens et de Geoffroy de Saint-Omer et logèrent dans une salle du palais de l'esplanade du Temple à Jérusalem. Pour être admis dans l'ordre, il suffisait de pouvoir assurer que l'on était bien « fils de chevalier et de dame ». Aux sergents on demandait s'ils étaient des « hommes libres », c'est-à-dire non serfs d'un seigneur pouvant le réclamer. Tout chevalier, quel que soit son rang, pouvait donc être reçu dans l'ordre. Il semblerait même qu'à l'origine aucune condition de naissance n'était exigée pourvu que l'on sache manier les armes, les preuves de naissances ne seraient intervenues qu'à partir du XIIIe siècle. « On peut penser, assure Régine Pernoud, que le recrutement essentiel était parmi les croisés venus en Terre sainte et qui, au lieu de rentrer chez eux une fois leur vœu accompli, comme le faisaient la plupart des pèlerins, armés ou non, sentaient naître en eux le désir de prolonger ce vœu en vouant leur vie entière à la défense du Saint-Sépulcre.» Une période probatoire – de durée indéterminée – était imposée aux postulants. Durant ce temps, ils étaient soumis aux plus rebutants travaux domestiques : chauffer le four, tourner la meule du moulin, vaquer aux soins de la cuisine, conduire les chameaux, garder et nourrir les porcs... Des tâches humiliantes pour un fier guerrier, mais nécessaires pour éprouver sa foi en l'ordre.

La réception, une cérémonie sans mystère

Le réception du nouveau frère n'était revêtue d'aucun mystère particulier. Il n'était pas procédé à l'adoubement en armant un chevalier qui l'était déjà. Il s'agissait d'une cérémonie religieuse faite de questions et de réponses. Le postulant demeurait à l'écart, tandis que le Maître ou son représentant réuni en chapitre avec les frères, soumettait son nom et recueillait l'avis de la majorité :

« Beaux seigneurs frères, vous voyez bien que la majorité s'est mise d'accord pour faire de celui-ci un frère. S'il y avait parmi vous quelqu'un qui connût en lui quelque chose qui l'empêchât d'être frère selon la règle, qu'il le dise, car il serait mieux qu'il le dît avant qu'après qu'il sera venu devant nous.»

Le postulant était alors admis d'abord dans une chambre où, par trois fois, deux chevaliers lui demandaient s'il voulait entrer dans la maison. « Après sa réponse, ils lui montrent les grandes duretés de la maison et les commandements de charité qui y existent. S'il n'est pas découragé, raconte Albert Ollivier, ils s'assurent, par un nouveau questionnaire, qu'il n'a pas d'épouse ou fiancée, ni dettes qu'il puisse payer, qu'il n'est pas dans un autre ordre par vœu ou promesse, qu'il a bonne santé sans maladie cachée, enfin qu'il n'est serf de personne.»

Le postulant, enfin admis au sein du chapitre, de nouvelles questions lui sont posées et la cérémonie de réception proprement dite commence lorsqu'il s'agenouille, les mains jointes et prononce sa demande : « Sire, je viens, devant Dieu, et devant vous, et devant les frères, et vous prie et vous requiers votre compagnie et aux bienfaits de la maison, spirituellement et temporellement, comme celui qui veut être serf et esclave de la maison tous les jours de sa vie désormais ».

Après de nouvelles questions et réponses du postulant, le Maître prononce enfin la formule de la réception proprement dite, indiquée dans les Retraits: « Et nous de par Dieu et de par Notre-Dame Sainte Marie, et de par notre père l'apostole [le pape], et par tous les frères du Temple, nous vous accueillons à tous les bienfaits de la maison qui ont été faits dès le commencement et qui seront faits jusqu'à la fin, et avec vous votre père et votre mère et tous ceux que vous voudrez accueillir de votre lignage. Et vous aussi, vous nous accueillez en tous les bienfaits que vous avez faits et ferez. Et nous vous promettons du pain et de l'eau, et la pauvre robe de la maison, et de la peine et du travail en suffisance ».

Le nouveau est alors revêtu du manteau de l'ordre. Le frère chapelain lit le psaume « Voici qu'il est bon, qu'il est agréable d'habiter tous ensemble comme des frères... ». Le maître relève celui qui est agenouillé et lui donne le baiser de paix « sur la bouche » selon l'usage dans les cérémonies d'hommage à l'époque féodale, ainsi que le chapelain. « Beau frère, dit le Maître au nouveau chevalier assis devant lui, notre Sire vous a amené à votre désir et vous a mis en cette belle compagnie de la chevalerie du Temple. Prenez grand-peine à la garder.»

Une hiérarchie très structurée

A la tête de la hiérarchie, le maître – et non le grand maître, une terminologie moderne – du Temple possède les mêmes pouvoirs que ceux du père abbé dans un ordre religieux, c'est-à-dire qu'il « doit tenir à la main le bâton et la verge : le bâton dont il doit soutenir les faiblesses et les forces des autres ; la verge dont il doit frapper les vices de ceux qui manqueront » à leur devoir. En vérité, le maître du Temple devint « un souverain très puissant, mais non pas absolu », selon la définition d'Henri de Curzon. S'il pouvait disposer d'une partie des ressources financières de l'ordre, il était obligé, lors de décisions importantes à prendre, de consulter le chapitre ou son conseil et de se soumettre à l'avis de la majorité.

Dans l'exercice de ses fonctions, le maître était assisté de deux chevaliers de haut rang. Il possédait quatre chevaux et sa maison se composait d'un frère chapelain, d'un clerc disposant, lui, de trois chevaux, d'un frère sergent avec deux chevaux, d'un écrivain sarrasinois » – l'interprète – d'un turcopole, d'un maréchal-ferrant, d'un cuisinier et enfin de deux garçons à pied chargés du cheval turcoman réservé pour les combats.

Aucune autre fonction que celle du maître n'était indiquée dans la règle primitive. Très vite une hiérarchie s'imposa avec deux autres personnages décisifs : le maréchal, disposant des armes et chevaux, le sénéchal secondant le chef suprême. Dépendant du maréchal, le turcopole, était le

chef des troupes légères auxiliaires composées de musulmans convertis et d'esclaves affranchis.
Au-dessus des simples chevaliers et des sergents, se situaient naturellement les commandeurs des maisons aux responsabilités locales et aux pouvoirs limités comme les comman-

L'étendard et la croix
A Paris, le 27 avril 1147, dans les locaux tout neuf du Temple, se tint un chapitre réunissant cent-trente chevaliers « tous vêtus de leurs blancs manteaux.» Les frères devaient examiner l'initiative de Louis VII préparant une nouvelle croisade et nécessitant la participation d'un fort contingent des commanderies de France et d'Espagne. Le chapitre était honoré par la présence du pape Eugène III. C'est là que le Saint-Père octroya aux Templiers la croix pattée de gueule, « afin que ce signe triomphant leur serve de bouclier et qu'ils ne tournent jamais bride en face d'aucun infidèle ». Les frères portèrent cette croix cousue sur le flanc gauche de leur manteau, un peu au-dessus du cœur et l'ajoutèrent à leur étendard, le baucéant ou baussant, rappelant le cri de guerre des chevaliers : « A moi, beau sire ! Baucéant à la rescousse !» Cette expression serait une corruption de l'expression « Vau Cent », un templier valait cent soldats. L'étendard était composé de noir et de blanc, « pour, rapporta Jacques de Vitry, signifier qu'ils (les Templiers) sont francs et bienveillants pour leurs amis, noirs et terribles pour leurs ennemis... Des lions en guerre, des agneaux en paix.» Tout autour était brodée la devise de l'ordre : *Non nobis, Domine, non nobis, sed nomini tuo da gloriam* – « Non pas à nous, Seigneur, non pas à nous, mais à Ton nom seul donne la gloire ».
Aucun combattant ne devait quitter le champ de bataille tant qu'il apercevait le baussant. Aussi était-il strictement interdit d'abaisser l'étendard et de s'en servir comme lance, sous peine de châtiment sévère.

deurs des chevaliers. D'autres officiers sont importants : le commandeur de la terre et royaume et Jérusalem assurait la trésorerie et l'administration de la première province de l'ordre ; le commandeur de la cité de Jérusalem veillait sur les pèlerins en Terre sainte et assurait leur ravitaillement. Chaque région importante était placée sous la juridiction d'un commandeur (Antioche, France, Poitou, Angleterre, Aragon, Portugal, Pouille et Hongrie). Deux autres officiers étaient élus lors du décès d'un maître, le grand commandeur intérimaire et le commandeur de l'élection. Ces deux frères passaient la nuit dans la chapelle à prier. Ils choisissaient le lendemain deux autres électeurs, puis les quatre s'entendaient pour en nommer deux autres et ainsi de suite jusqu'à être douze électeurs en prenant soin d'y compter toujours huit chevaliers et quatre sergents. Un treizième compagnon était alors élu par eux parmi les chapelains. La symbolique est évidente, cette assemblée reflétait Jésus-Christ et les douze apôtres. Après s'être présentés devant le chapitre, ils se retiraient, délibéraient secrètement et, à la majorité simple, élisaient un nouveau maître. Ce dernier après avoir reçu l'approbation du chapitre, était porté triomphalement à l'église où l'on chantait *Te Deum laudamus*. Le maître recevait les insignes de sa fonction : la boule (bulle) et la bourse, « le sceau et le trésor, qui sont les moyens mis au service du maître, rappelle Régine Pernoud, pour s'acquitter de ses fonctions d'administrateur, gérant d'une collectivité qui est aussi une personne morale ».

Un ordre riche, une vie pauvre

Si riche fut l'ordre, les Templiers ne possédaient rien en propre. Toutes les choses de la maison étaient communes, même les habits. Les premiers chevaliers, dépendant de la charité publique, ne possédaient pas d'habit distinctif. La Règle leur donnera des robes d'une couleur identique et unie : blanc, noir ou brun. Les frères porteront dessus un manteau blanc – signe de chasteté qui est « sûreté de courage et santé de corps ». Les pelisses et fourrures étaient bannies sauf les peaux de mouton et d'agneaux. Il était défendu de porter des chaussures effilées et recourbées alors à la mode et même lacées.

En raison de la forte chaleur régnant en Orient, les chemises de toile étaient toutefois autorisées. Les sergents étaient vêtus de noir ou de brun. Les vêtements usagés étaient donnés aux écuyers. Au dortoir, chacun avait son lit recouvert d'une paillasse avec un drap, un traversin et une couverture de laine. Le Templier se couchait vêtu d'une chemise et d'un caleçon fermé par une ceinture ; une lumière devait brûler toute la nuit dans le dortoir. Les frères devaient encore porter les cheveux ras, la barbe et la moustache longue.

L'équipement complet du Templier comportait un haubert, c'est-à-dire une cotte de maille, le heaume ou le chapeau de fer, plus une cotte d'armes, des épaulières et des souliers de fer. Ses armes étaient l'épée, la lance, la masse et le bouclier ou écu. Il usait encore d'au moins trois couteaux dont une dague et un canif. Le frère pouvait avoir trois chevaux et un écuyer et le harnachement devait être le plus simple, pas de mors ou d'étrier en or ou en argent. La discipline était de la plus grande rigueur. « L'obéissance au maître était passive, note Laurent Dailliez. Les frères se confessaient des fautes commises contre la Règle afin de recevoir une pénitence proportionnée à la gravité de l'acte.» Et ces pénitences étaient sages.

A l'examiner de plus près, cette Règle précise dans les moindres détails, ne diffère pas des règles cistercienne ou augustine dont les grandes lignes sont encore suivies aujourd'hui par les moines. Les Templiers étaient des religieux. Si des raisons majeures ou tout simplement les affaires de la maison, les empêchaient d'assister à la messe, ils devaient réciter pour mâtine treize patenôtres, pour vêpres neuf et pour les autres heures, sept.
La vie temporelle était réglée de la même manière que la vie spirituelle. La nourriture était frugale mais suffisante : de la viande trois fois par semaine, et le dimanche deux plats de viande pour les chevaliers, un seul pour les écuyers et les sergents, mais du vin pour tout le monde, « avec mesure ». Les plats entamés devaient être remis aux pauvres. Les repas étaient pris en commun, deux à deux pour empêcher l'autre de faire furtivement des abstinences, et en silence à l'écoute des lectures de l'Ecriture sainte. On observait deux carêmes dans l'année, du lundi avant le jour des Cendres jusqu'à Pâques, et de la Saint-Martin à Noël.
« Or nous vous avons dit les choses que vous devez faire et desquelles vous devez vous garder, dit l'ultime article des Statuts de l'ordre du Temple, et celles de perdre la maison et celles de perdre l'habit et les autres justices ; et si nous ne vous avons pas tout dit et que vous voudriez savoir, vous le demanderez. Et Dieu vous laisse bien dire et bien faire. Amen.»

Des résurgences fantaisistes

Le 2 mai 1312, une bulle du pape Clément V confirmait la dissolution de l'ordre du Temple, la considérant comme « une sanction irrévocable et valide à perpétuité. Nous interdisons désormais à quiconque d'entrer dans cet ordre,

d'en revêtir l'habit et de se comporter en templier, sous peine d'excommunication encourue.» Voilà qui est clair et aucun souverain pontife n'est revenu dessus. On n'entendit d'ailleurs plus parler du Temple jusqu'au XVIIe siècle, jusqu'à la parution, en 1654, de l'*Histoire de la condamnation des Templiers*, par l'abbé Pierre Dupuy.
La résurgence du Temple date du XVIIIe siècle. La franc-maçonnerie lorsqu'elle fit son entrée en France, en 1725, cherchait à se créer des lettres de noblesse. Le baronnet écossais Andrew Ramsay eut l'idée de la rattacher aux Templiers, les affiliant du même coup aux ouvriers qui bâtirent la cathédrale de Magdebourg en 876, à Magnus Grecus et même à Hiram Abi, le constructeur du temple de Salomon. Cette « généalogie » rocambolesque est à l'origine de néo-templiers contemporains Quant aux loges maçonniques actuelles, elles ont rangé depuis longtemps le Temple au rang des chimères.
Rien, selon les meilleurs historiens qui se sont penchés sur le Temple, ne permet d'attester qu'on ait retrouvé l'esprit, l'enseignement intégral de l'Ordre, si tant il est qu'il ait existé dans quelque société que ce soit. Les associations récentes se réclamant du Temple, prétendant justifier leur existence de transmission remontant à 1324 et dont l'original, signé de tous les « grands maîtres » du XIVe au XIXe siècle, n'aurait été examiné que par quelques rares privilégiés. Aucune preuve tangible n'a jamais été apportée pour authentifier cette thèse. De la même manière aucun membre des associations néo-templières ne prononce les trois vœux de pauvreté, chasteté et obéissance des frères templiers, religieux selon le droit canon.

« Pour l'historien, écrit Régine Pernoud, le décalage est tel entre les fantaisies auxquelles se sont livrées sans retenue aucune les écrivains d'histoires de tous bords et d'autre part les documents authentiques, les matériaux certains, que gardent en abondance nos archives et nos bibliothèques, qu'on aurait peine à y croire si cette opposition ne se manifestait pas de la façon la plus lisible et la plus évidente. Il se passe pour les templiers ce qui s'est passé pour Jeanne d'Arc où, à côté d'une abondante littérature hagiographique et d'hypothèses foisonnantes, totalement gratuites et uniformément sottes, les documents eux s'imposent avec la rigueur la plus totale. Pour les templiers, il est encore une fois à peine croyable de comparer en esprit la littérature (non plus hagiographique mais carrément démentielle en quelques cas) qu'ils ont suscitée et d'autre part ces documents si simples, si probants, si tranquillement irréfutables qui constituent leur histoire vraie.»
Après la dissolution du Temple, la plus grande part de ses biens, notamment immobiliers, fut dévolue aux Hospitaliers de Saint-Jean-de-Jérusalem. Cela ne faisait pas l'affaire du roi Jacques II d'Aragon : il réclama les dépouilles des commanderies établies sur son royaume au pape Clément V, qui s'y opposa. Son successeur Jean XXII se montra plus compréhensif et donna son accord, le 10 juin 1317.Deux ans plus tard, dix chevaliers de l'ordre de Calatrava sous la maîtrise de Guilen de Eril, furent désignés pour former une nouvelle milice, l'ordre de Montesa qui se trouvait ainsi être le seul successeur légitime du Temple. Ses membres professèrent la règle de Cîteaux. A l'ordre de Montesa furent incorporés les chevaliers de la Merci, en 1400 et ceux de l'ordre de Saint-Georges de Alfama fondé en 1201. Aujourd'hui Montesa est un ordre dit national.

L'argent

10. L'abbé Suger ou comment faire fortune au XIIe siècle

par Michel Bur

Né dans une famille paysanne, Suger, abbé de Saint-Denis est ce que nous appelerions aujourd'hui un « battant ». Ami et conseiller des rois, il fit de sa petite abbaye le véritable centre de la mystique royale, et dans le même temps une entreprise florissante.

Plus la main divine, aussi douce que puissante, relevant le pauvre de son fumier pour le faire asseoir avec les princes, me tirait de ma bassesse pour m'élever au premier rang, plus aussi elle me rendait humble et, en dépit de la fragilité humaine, fidèle en toutes choses.» Ainsi s'exprime Suger à la veille de la soixantaine. Nul ne fut plus conscient de l'exceptionnelle réussite que lui avait ménagée la Providence, tout en sachant bien souligner la part qu'il y avait prise par son travail et son obstination.

La réussite à l'automne de sa vie

Il était né vers 1080 dans une famille paysanne de la plaine de France au nord-est de Paris. Donné par son père à l'abbaye de Saint-Denis, il y fit ses études, à 20 ans y prononça ses vœux, y fut employé au classement des archives. Après s'être fait remarquer par un brillant plaidoyer en faveur des privilèges de son abbaye devant le pape en 1107, il fut envoyé comme prévôt à Berneval-en-Caux, puis en 1109 à Toury dans la Beauce. Durant une douzaine d'années, il administra ce domaine tout en effectuant des missions à Rome. En 1122, à 42 ans, il fut élu abbé par une communauté désireuse de réforme et de vie plus régulière. Le roi, d'abord hostile, accepta son élection.

De 1122 à 1137, Suger put se consacrer au redressement spirituel et matériel de l'établissement, s'imposant peu à peu dans l'Église et le royaume comme un personnage de premier plan. En 1137, sa réussite, lente et méthodique, est manifeste. Ce sont les fruits de l'automne qui, chez Suger, sont les plus beaux. A 57 ans donc, il sort de l'ombre. Le roi Louis VI étant mort, il se trouve au palais le seul conseiller apparemment capable de dominer les intrigues et de guider le jeune Louis VII. En fait son passage au pouvoir se solde par un échec. Il lui faudra dix ans pour regagner la confiance du monarque, lequel, partant en 1147 pour la deuxième croisade, lui confiera le gouvernement du royaume. A vrai dire, Suger n'accepta la charge que sur l'ordre du pape, gardien de la couronne en l'absence du roi, donc plus à titre de vicaire pontifical que de régent. Il apporte à sa tâche les principes qui lui avait réussi dans l'administration de son abbaye. A son retour, Louis VII le salua du titre de « Père de la Patrie ».

Vers la même époque, c'est-à-dire dans la soixantaine de son âge, Suger se mit à reconstruire l'église abbatiale de Saint-Denis dans un style qu'il voulut résolument « moderne », le style « gothique », comme on finit par l'appeler au XVIIIe siècle. Il fit d'abord élever le narthex avec sa façade d'inspiration normande, puis, entre 1140 et 1144, le chevet dont le double déambulatoire s'ouvrait sur des chapelles ornées de magnifiques vitraux. Ne voulant pas laisser à ses successeurs le soin de compléter son œuvre, il décida de rebâtir la nef qui avait gardé jusque-là sa structure carolingienne. Les travaux avançaient rapidement quand ils furent interrompus à cause des exigences financières de la croisade. Ce n'est qu'au XIIIe siècle qu'ils seront achevés, mais l'abbé n'avait pas attendu pour enrichir son église d'un superbe mobilier liturgique, révélant dans ses choix un véritable tempérament d'artiste, plus spécialement d'orfèvre et de joaillier.

Se grandir en célébrant la monarchie

En même temps Suger écrivait. C'est aussi dans les quinze dernières années de sa vie qu'il rédigea d'abord son *Mémoire sur la consécration de l'abbatiale*, puis, à la demande des moines et « afin que les considérables accroissements que la largesse divine lui avait procurés durant sa prélature ne tombent pas dans l'oubli en raison du silence de successeurs inaptes », un second *Mémoire* sur son administration. Mais surtout, il entreprit dès 1137 de relater les événements marquants du règne de Louis VI dans une *Geste*, donnant ainsi à la postérité l'exemple d'une exceptionnelle fécondité, tout entière contenue dans ce qu'il est aujourd'hui convenu d'appeler « le troisième âge ». Bien plus, et c'est une des grandes habiletés de Suger, il mêle sa propre histoire à celle de son héros, un peu comme Chateaubriand mêlera la sienne à celle de Napoléon.

Toujours est-il que l'auteur est dans l'œuvre et, comme l'histoire qu'il raconte est grande et exemplaire, il en sort lui-même grandi. Fasciné par les hauts faits militaires, l'abbé de Saint-Denis ne manque pas de se mettre en scène à trois reprises au moins, lors du siège de Montferrand quand il doit dormir sur la dure à l'abri d'un bouclier, à Reims quand il épie les discussions d'état-major, curieux de connaître la tactique qui va être utilisée contre l'empereur, enfin et d'abord en 1111-1112 s'occupe de logistique, fait charger des chariots de bois et de lard et autres matières inflammables et, dans une autre circonstance, quand il court à perdre haleine à travers le camp ennemi pour regagner le fortin qu'il a fait ériger à Toury. Bref, de 1111 à 1137, il se rapproche tous les jours un peu plus du monarque, devient son conseiller en matière ecclésiastique, progresse ensuite dans sa familiarité au point de mériter en 1135 d'être appelé son ami. En écrivant la *Geste de Louis VI*, Suger avait-il le sentiment que la plume était plus que l'épée, que les grandes actions du roi tomberaient vite dans l'oubli s'il ne les transmettait par écrit à la postérité ? Il est permis de se le demander.

Post mortem, le roi appartenait à Saint-Denis. Son corps y reposait parmi ceux de ses ancêtres. Le salut de son âme dépendait de la prière des moines. Louis avait été inhumé sous une simple dalle tumulaire, mais l'abbé avait décidé que la communauté célébrerait son anniversaire avec la même solennité que pour Charles le Chauve et Dagobert, liant ainsi dans la mémoire les représentants des trois dynasties qui avaient régné sur la France, Dagobert le fondateur de l'abbaye, Charles son bienfaiteur et Louis son défenseur. Une autre solennité de même importance était prévue : Suger se la réservait à lui-même !

Un précurseur du capitalisme

Avec le recul du temps, l'écrivain et le régent ont laissé aussi le souvenir d'un grand entrepreneur. Chargé de la gestion d'un vaste temporel qu'il trouva dans un état de délabrement inquiétant, Suger a su, en véritable acteur de la vie économique, redresser une situation compromise et faire du profit. D'abord il a récupéré les biens aliénés par ses prédécesseurs et en a acquis de nouveaux. Il a amélioré les structures de l'exploitation et modernisé les équipements. Il est parvenu à tenir en lisière le personnel d'exécution et à supprimer le parasitisme. Enfin il a remboursé les dettes et constitué un trésor indispensable à la réalisation de ses grands projets. A la différence de beaucoup de ses contemporains, il se montre capable de prévision et sait tenir un budget. Plus évidemment encore il a le sens du temps, donc des opérations à long terme, lotissant des terres incultes pour attirer des contribuables, plantant des vignes, défrichant et fondant deux villes neuves, Carrières-sur-Seine et Vaucresson.

Prévoyance et rationalité se conjuguent dans son esprit. Partout il secoue les pesanteurs, s'adapte aux fluctuations du marché, et, si besoin est, rompt d'autorité la coutume lorsqu'elle s'avère paralysante et contraire à l'équité. L'entreprise lui apparaît comme un moyen de passer de l'état de nature à l'état de culture, d'obliger les individus à unir leurs forces pour accroître leur bien-être, de créer un monde organisé utile aux hommes et agréable à Dieu.

En ce sens, il est un précurseur du capitalisme, mais d'un capitalisme orienté vers des fins plus hautes, garantissant à ceux qui prient l'assiette matérielle nécessaire à leur existence, aux pauvres des ressources plus abondantes et à Dieu un culte véritablement glorieux. Responsable, puisqu'il s'efforce d'ajuster rationnellement les moyens au but poursuivi, il ne se voudrait pas, en homme de foi et de conviction, coupable de quelque négligence dans l'accomplissement de sa tâche. *Labor* est un mot qui revient sous sa plume comme un leitmotiv. Jamais il n'a pris de repos. Comme abbé de Saint-Denis, Suger avait aussi de grandes ambitions : faire en sorte que tous les rois vinssent s'y faire enterrer ; obtenir aussi que les insignes du pouvoir, les *regalia*, y fussent déposés, la couronne d'abord, mais aussi les autres comme l'étendard, cette bannière qui, après sa mort, sera assimilée à l'oriflamme de Charlemagne. Surtout il voulait que le trône de Dagobert, qui était conservé dans l'abbaye, devînt le centre du royaume. Il le fit restaurer, prétendant que le roi devait s'y asseoir chaque fois qu'il recevait l'hommage de ses vassaux. Or à l'époque, c'était le lien féodal qui maintenait l'unité du royaume et garantissait au souverain l'obéissance des princes territoriaux.

Avec l'art et la manière

Dans son ouvrage, que l'on appelle couramment la *Vie de Louis VI le Gros*, qualificatif que l'auteur n'emploie jamais par respect pour la personne royale, Suger a voulu composer la geste de Louis VI, c'est-à-dire mettre par écrit un choix des exploits les plus significatifs de ce prince, ceux qui pouvaient être donnés en exemple à ses successeurs. Geste de Louis VI donc, mais surtout *Gesta Dei per Ludovicum Regem*, les actes du roi n'étant vraiment grands que lorsqu'ils correspondent aux exigences du ministère royal tel que les théologiens l'ont défini dès les temps carolingiens. Louis VI apparaît comme un chevalier vaillant jusqu'à la témérité, peu doué pour la réflexion et la sagesse, mais cette vaillance un peu folle, il la met au service de la justice en s'efforçant de maintenir l'ordre et la paix à l'intérieur, en repoussant les invasions ennemies, en protégeant les pauvres, les faibles et les églises. La grandeur de la mission efface les imprudences et les erreurs d'un homme dépeint sans complaisance, mais avec compréhension et amitié.

Saint-Denis, ombilic de la France

En faisant du trône le point de convergence de tous les hommages et, en quelque sorte, le sommet de la pyramide féodo-vassalique, Suger faisait de Saint-Denis non seulement la capitale, mais le véritable ombilic de la France. La tradition voulait aussi que le pape Clément, successeur de saint Pierre, ait envoyé Denis d'Athènes à Paris pour évangéliser toute la Gaule. Enseveli dans le lieu où devait s'élever plus tard la basilique attribuée à Dagobert, le corps du martyr indiquait à tous que l'abbaye était le siège naturel du pontife romain dans le royaume.
Selon Suger, les papes avaient l'obligation morale de résider à Saint-Denis chaque fois qu'ils s'aventuraient dans les régions transalpines. De fait, nombreux sont ceux qui vinrent célébrer les fêtes de Pâques à l'abbaye, accréditant l'idée, encore renforcée par le vicariat temporaire de Suger durant la croisade et par le rôle qu'il joua dans la nomination des évêques, que les hiérarchies cléricales aboutissaient elles aussi, en un réseau encore mieux organisé que les hiérarchies laïques, à Saint-Denis.

Où trouver la source de tant d'énergie, le moteur de cette inlassable activité, sinon dans une totale identification de Suger à sa fonction ? Sans état d'âme, l'abbé s'est donné totalement à son abbaye et de ce don il a tiré d'immenses satisfactions. Il a œuvré toute sa vie à l'enrichissement et à l'embellissement du sanctuaire des saints martyrs Denis, Rustique et Eleuthère, prenant ombrage de toutes concurrences et les écartant vigoureusement. Lui-même ne déclare-t-il pas : « Comme je préfère à tout au monde l'embellissement de la mère-église, qui tout enfant m'a allaité avec amour, jeune homme a supporté mes faux pas, homme fait m'a conforté puissamment et m'a placé solennellement parmi les princes de l'Église et du royaume, nous nous sommes voués à la réalisation de cette œuvre et nous nous sommes battus pour réussir.» Est-ce une surprise de découvrir à l'origine de cette réussite, qui marqua profondément l'histoire de France au Moyen Âge, ce que d'aucuns appelleraient volontiers avec Voltaire l'esprit de clocher ?

11. L'usurier mène une vie maudite

Entretien avec Jacques Le Goff

Anne Le Cam : Comment se présentait le contexte économique et religieux des XIIe et XIIIe siècles, cette période de renouveau ?

Jacques Le Goff : A la fin du XIIe et au XIIIe siècle, la chrétienté atteignait l'apogée d'un essor qui avait commencé aux environs de l'an mil et emportait tous les domaines : l'agriculture, les techniques, les circuits commerciaux, l'art (architecture et littérature), la politique - l'État moderne se dessinait.

Le contexte religieux se modifiait aussi, on abordait différemment la question du péché. Les prêtres ne se limitaient plus à considérer la faute objective pour lui appliquer une pénitence, ils s'interrogeaient sur l'intention qui l'avait guidée. On ne recherchait plus seulement le rachat formel, mais la contrition sincère. Au IVe concile de Latran (1215), l'Église imposa au moins une fois l'an, à Pâques, la confession. Elle amenait à l'examen de conscience : le prêtre ne se contentait plus d'appliquer un barème, mais réfléchissait au cas par cas. La méthode inquisitoire s'est instaurée à ce moment, au départ dans le souci de mieux rendre la justice mais ses dérapages conduiront aux abus, à la torture. Par ailleurs la justice civile se modifiait.

Le tribunal royal s'affirma sous le règne de Saint Louis, tout sujet pouvait désormais faire appel à son Parlement d'un jugement seigneurial.

Dans le quotidien, comment se déroulait la pratique de l'emprunt ? Où trouvait-on l'usurier ?

J.L.G. : Le plus souvent, l'emprunteur allait le trouver dans sa demeure. Tous deux convenaient de la somme, de la durée du prêt, des gages et du taux d'intérêt. A Paris, ils habitaient surtout au début du Marais, rue des Lombards, précisément, car les usuriers chrétiens étaient souvent des Lombards ou des « Cahorsins », des habitants de Cahors. Ils ne se regroupaient pas en tant qu'usuriers, mais en tant que marchands et changeurs. Dans toutes les villes, chacun savait fort bien dans quelles rues se rendre pour effectuer un emprunt. Tout le monde, un jour ou l'autre, recourait aux prêteurs sur gages, le riche et le pauvre, le prince et le prêtre. Il n'existait pas encore de banques, l'usurier en faisait office. L'usure se pratiquait également à la campagne, dans les villages.

En ce cas c'était vraiment du gagne-petit !

J.L.G. : Contrairement à ce que l'on imagine, l'usurier est toujours un gagne-petit, principalement lorsqu'il est juif, mais ce constat vaut également pour les chrétiens, et ce jusqu'à une époque très récente (gardons-nous de considérer l'usurier comme un personnage typiquement médiéval) : voyez les romans de Dickens, de Balzac, de Dostoïevski, les films sur la grande dépression économique des États-Unis en 1929 : nulle part on ne voit d'usuriers à la tête d'une grande fortune. Cela n'empêche pas l'usure d'être un fléau et de réduire des familles entières au désespoir. Aujourd'hui encore, l'Italie du Sud connaît chaque semaine des cas de suicide pour endettement, le gouvernement essaie en vain de mettre fin à cette pratique. Telle un chancre, l'usure rongeait la société médiévale.

La condamnation de l'usure apparaît quatre fois dans l'Ancien Testament, une fois dans le Nouveau Testament. Pourtant, l'interdiction n'eut pas la même répercussion sur les juifs et les chrétiens ?

J.L.G. : L'Évangile de Luc condamne sans distinction l'usure, l'Ancien Testament interdit seulement le prêt à intérêt à son frère, or, pour les juifs, les chrétiens n'étaient pas des frères. Durant des siècles la faiblesse des échanges commerciaux ne suscita aucun besoin d'investissement économique, et l'on recourait au prêt à intérêt pour les besoins de la vie quotidienne, les sommes restaient minimes. Le réveil du commerce international, l'essor urbain s'accompagnèrent d'une diffusion croissante de l'argent. Les paysans qui jadis n'en voyaient pratiquement jamais de leur vie en utilisaient désormais presque tous les jours.

La France médiévale, comme beaucoup de sociétés anciennes, s'est beaucoup endettée, les besoins croissants de la population firent apparaître l'ébauche d'une société de consommation, et la demande d'argent accrut la pratique de l'usure. Celle-ci se trouvait en quasi-totalité aux mains des juifs ; impopulaire, elle nourrit l'antijudaïsme dans ce nouveau contexte économique. Mais ces derniers ne maniaient que de faibles capitaux, bientôt ils ne suffirent plus et l'on fit appel à des usuriers chrétiens.

A ce moment, l'on changeait d'échelle, car ces créanciers se plaçaient à un échelon économique très supérieur. Contrairement aux juifs (à qui l'on interdisait la plupart des autres professions) ils diversifiaient leurs activités, ils étaient généralement marchands et pratiquaient le prêt à intérêt comme source de revenu supplémentaire. Le commerce à long rayon d'action présentait des risques (naufrages ou

2

1

3

4

1- et **2-** La navigation fluviale, grand ressort du commerce **(1)**... et de la fiscalité, comme le montre ce péage de l'octroi sur la Seine, à l'entrée de Paris **(2)**
3- Le commerce local connaît un fort développement à partir du XIIe siècle
4- Le supplice du chien, infligé à Bertholde, assassin du comte de Flandre Charles le Bon en 1127, et revisité par un dessinateur du XIXe siècle.

1

3

2

1- Très tôt, les enfants s'initient au combat, comme dans cette miniature du XIVe siècle. Des jeux quelque peu cruels, comme en a sans doute connus du Guesclin **2-** L'échange des anneaux, moment essentiel du mariage. Il se déroule sur le porche de l'église. La messe de mariage est d'institution tardive **3-** La vie seigneuriale, dans une tapisserie du musée de Cluny.

4

5

6

7

4- Banquet du duc de Berry, le munificent oncle de Charles VI

5- En 1378, Charles V reçoit à Paris son oncle, l'empereur Charles. L'entremets représente la prise de Jérusalem.

6- La maison d'un seigneur, enluminure du XIVe siècle

7- Loin de la réalité, les miniatures montrent les tables de banquet ordonnées et presque vides : même s'il s'agit d'agapes, elles font référence à la sainte Cène.

1

2

3

1- L'Église domine tous les états de la société. le pape est au centre de la fresque, trônant entre un cardinal et l'empereur. En bas à droite, trois humbles pèlerins **2-** Le pèlerin avec ses attributs : la besace (ou écharpe), et le bâton ou (bourdon) **3-** L'abbé Suger, représenté aux pieds de la Vierge sur un vitrail de Saint-Denis.

4

4- Les quatres routes du pèlerinage de Compostelle : celle de Limoges est la plus empruntée **5-** L'Évangéliaire impérial (XIIIe siècle). Le Moyen Âge est la grande époque de l'orfèvrerie, élevée au niveau d'un art majeur **6-** Le reliquaire de saint Candide, provenant du remarquable trésor de Saint-Maurice d'Agaune, en Suisse. Ce visage du IXe siècle est déjà d'un étonnant réalisme.

5

6

1- La chasse au cerf au XIVe siècle. Avec des œuvres comme le *Livre de la chasse* de Gaston Phébus, le noble loisir atteint l'apogée du raffinement **2-** L'élégance française dans une miniature du XIVe siècle.

1

2

3

3- A gauche de cette scène du XIVe siècle - où Charles V accueille l'empereur à Paris -, la tour du Temple, longtemps siège du Trésor royal **4-** La Bête de l'Apocalypse, dans *La Somme du Roi* de frère Laurent (1295) **5-** Une représentation de l'enfer au XIVe siècle : Satan y prend les traits d'un véritable souverain. Les enfers eux-mêmes se sont hiérarchisés, avec un abondant répertoire de supplices, chacun s'adaptant à la cause de la damnation.

4

5

1

2

1- Mêlée d'hommes d'armes démontés. Malgré le renforcement des armes défensives, la guerre de Cent Ans inaugure une ère plus meurtrière pour les combattants **2-** Le strict rituel d'une exécution publique. Les deux temps de l'action sont montrés, comme dans une animation.

attaque des bateaux, des caravanes de marchands) et le marchand se garantissait, avec la pratique de l'usure, un secteur de gains plus sûrs (car il prêtait sur gages). Au début du XIIIe siècle, les ordres mendiants (principalement les Franciscains et les Dominicains), apôtres de la pauvreté évangélique, se constituèrent en réaction à cette invasion d'argent et de richesses. Ils pourfendaient la cupidité, saint François d'Assise préconisait à ses frères de ne pas porter plus de considération aux pièces de monnaie qu'aux cailloux des chemins.

L'argent posait donc, au XIIIe siècle, un problème économique, social et religieux. Peu nombreux, les usuriers chrétiens étaient facilement repérés et l'Église les traitait avec la plus grande dureté. En revanche, elle se soucia peu des juifs, n'ayant pas leurs âmes en charge (la lutte contre les « usures juives », les persécutions antijuives, les expulsions furent toujours le fait du pouvoir séculier, royal ou princier). Elle mena contre les usuriers une campagne spectaculaire, en particulier par le biais des images. Les sculptures figurent souvent un usurier portant au cou une bourse dont le poids l'entraîne vers les profondeurs de l'enfer. Les prêtres, les prédicateurs, commentaient ces représentations aux fidèles.

Ma documentation de base se compose essentiellement d'*exempla*, ces anecdotes que les prédicateurs introduisaient dans leurs sermons avec un double objectif : d'une part, prodiguer une leçon de morale illustrée, d'autre part, divertir pour soutenir l'attention des auditeurs. Ce genre littéraire nous renseigne sur la vie, les sentiments quotidiens, et il recoupe un autre de mes thèmes d'intérêt, la désignation dans le dernier tiers du XIIe siècle du purgatoire comme le lieu de l'au-delà où les morts qui n'ont pas fait complètement pénitence sans être toutefois en état de péché mortel expiaient leurs fautes (la notion de péché véniel apparut à ce moment) avant de gagner le Paradis : ce serait le cas de l'usurier.

Le pouvoir politique a-t-il entrepris, aux côtés de l'Église, de réprimer l'usure par une quelconque législation ?

J.L.G. : Notre propre système de valeurs nous rend difficile la compréhension du monde médiéval. Dans bien des domaines, celui des métiers par exemple, il est plus fortement hiérarchisé et réglementé que le nôtre. En revanche, il n'existe aucune législation économique, seule l'Église tentait d'introduire des règles (en 1179, le concile de Latran III édicta une condamnation des usuriers), mais elle ne disposait d'aucun moyen de répression, hormis la menace des peines de l'enfer.

Quant au pouvoir temporel, il n'intervenait pas. Contre l'usurier, personne ne pouvait rien. L'argent échappait aux règlements. Aucune instance n'avait encore institué de mécanismes de contrôle, car on ne comprenait pas bien le fonctionnement des lois de l'économie, l'expérience du développement était trop récente. Sous saint Louis, on commençait tout juste à poser des bases théoriques, à codifier les choses en posant les notions de juste prix, juste salaire. Mais, le vocabulaire le montre bien, ce sont des notions plus morales que proprement économiques.

Cependant les ordres mendiants, en quelque sorte la nouvelle Église de la nouvelle société, ont élaboré des règles, adoptées par les tribunaux ecclésiastiques, sur la restitution des biens à la mort de l'usurier. Du vivant du personnage, nous l'avons vu, personne n'avait prise sur son activité. A son décès en revanche, il était possible d'inventorier ses possessions et de rendre aux débiteurs leurs gages et leur argent (cela ne pouvait s'appliquer de manière systématique, notamment pour les créances très anciennes ou celles dont les débiteurs étaient morts). Mais cette mesure soulevait une question : en punissant *post mortem* le pécheur, l'Église infligeait une peine injuste à la veuve et aux enfants. Nous ignorons, faute de documents, l'importance de ces restitutions (les registres d'officialités ecclésiastiques, consignant ces transactions, n'apparaissent qu'au XIIIe siècle et traitent principalement des hérétiques, la grande préoccupation du moment) ; il semble toutefois qu'elles aient eu une certaine importance.

L'usurier menait une vie pénible : ses contemporains le haïssaient et l'Église le vouait à la damnation. Les frères franciscains se sont évertués à trouver des solutions, non pour légitimer l'usurier, mais pour nuancer l'unanime réprobation. En effet, hormis l'exercice de leur profession, la plupart se montraient bons chrétiens, assistaient à la messe, se confessaient, aidaient l'Église, faisaient des œuvres de miséricorde. Damnables pour leur pratique de l'usure, ils restaient louables pour leur pratique religieuse, on ne pouvait donc les vouer aux tourments infernaux. Si un nombre croissant de marchands chrétiens pratiquaient l'usure, ils ne restaient pas pour autant insensibles aux condamnations religieuses, et tentaient de fléchir leur rigueur : le monde économique lançait un appel au monde religieux. Or l'histoire religieuse venait de fournir l'échappatoire recherchée : le purgatoire, où l'usurier expiait ses péchés avant de gagner le Paradis, son issue obligée (on ne tombait pas du purgatoire en enfer). Le Purgatoire, c'était l'espoir.

Il y avait des irréductibles : vous citez l'exemple de deux évêques qui, à Liège et à Utrecht, refusèrent à des usuriers une sépulture chrétienne. Était-ce exceptionnel ?

J.L.G. : Pas du tout, il s'agissait d'une pratique très courante si l'intéressé ne s'était pas repenti. Pour les morts, la terre chrétienne se limitait au périmètre du cimetière paroissial, le pécheur mortel n'y avait pas accès. Sa famille l'enterrait où elle voulait, n'importe où, sur ses domaines par exemple. On en usait de même pour les mimes, et, pour les comédiens, cela durait encore au XVIIe siècle, comme le prouve le cas de Molière.

Le rôle économique de l'usurier porte une contradiction interne : il a contribué à l'endettement de la société, mais il préfigure le capitalisme. Lequel de ces deux aspects l'emporte ?

J.L.G. : Il serait anachronique d'appliquer nos valeurs à nos ancêtres du XIIIe siècle. Les comportements économiques, sociaux et religieux s'entremêlaient. On ne peut, pour le Moyen Âge, étudier l'économie comme un phénomène isolé (même si beaucoup d'historiens économistes l'ont fait). C'est là un point clé, et je l'ai souligné en sous-titrant mon livre « économie et religion ». L'Église ne condamnait pas le profit acquis par le travail, lequel, au XIIIe siècle, n'était plus seulement un moyen de rédemption : on lui accordait une valeur en soi, car l'essor de la société en était le fruit.

En revanche, le prêt à intérêt s'apparentait au vol, l'usurier s'enrichissait en dormant, en vendant du temps, or le temps n'appartient qu'à Dieu. Sur le chantier du progrès humain, il faisait figure de déserteur. Cette analyse rejoint celle que l'on peut faire aujourd'hui du marché boursier, qui reflète parfois le mouvement économique mais qui, fondamentalement, est une spéculation non productrice et parfois ruineuse. Il est donc difficile de déterminer si l'usure constitua plutôt un frein ou un stimulant. Disons que le prêt à la consommation prélève un intérêt sans créer de richesses, alors que le prêt investi dans les grands circuits commerciaux favorisa la croissance. L'Église l'avait fort bien compris et, composant avec les pratiques commerciales, trouva des accommodements, en acceptant une pratique modérée du prêt à intérêt, mais en le considérant selon la casuistique : qui prête, à qui, pourquoi et dans quelles conditions.

Propos recueillis
par Anne Le Cam

12. Les fabliaux (3) : Les origines du Médecin malgré lui

par Marie-Thérèse Lorcin

L'histoire repose sur la ruse imaginée par la femme battue qui veut se venger de son époux. Aux deux messagers qui cherchent un médecin pour guérir la fille du roi, la femme déclare :

« Il est certain que mon mari
Est bon médecin, je vous le jure.
Il s'y connaît en médecine,
En physique et en urines.
Plus qu'oncques n'en sut Hippocrate.
Mais il est de telle nature
Qu'il ne veut donner diagnostic
Si d'abord on ne le rosse
d'importance. »

C'est pourquoi les valets, sans se faire prier, battent consciencieusement le paysan chaque fois qu'il clame ne point être médecin. Une grêle de coups plaît toujours, que ce soit dans un conte ou au théâtre…

On connaît moins la version primitive de la suite donnée à cet ingénieux point de départ, car Molière a remplacé par ses propres trouvailles les péripéties du fabliau. Celles-ci ne pouvaient être portées à la scène au temps du Roi-Soleil, mais n'en sont pas moins savoureuses, comme on en peut juger. Depuis une semaine, explique le conteur, la fille du roi ne peut ni boire ni manger à cause d'une arête de poisson fichée dans son gosier. D'où l'appel au médecin. Il faudrait que je parvienne à la faire rire, se dit le mire improvisé, sinon le roi me fera mettre à mort. Ayant fait sortir tout le monde, le vilain se couche devant le feu après s'être dépouillé de ses vêtements.

« Bien s'est gratté et étrillé.
Ongles eut longs et le cuir dur :
Jamais ne vis jusqu'à Saumur
Si bon gratteur que celui-là.»

Voyant ce grand diable hirsute et nu se démener par terre en se grattant comme un possédé, la jeune fille ne peut s'empêcher de rire, et cet effort lui fait cracher l'arête de poisson. Le vilain se rhabille et va, triomphant, montrer l'objet au roi, croyant ainsi être quitte. Mais le roi, enchanté d'avoir à sa cour un si habile praticien, l'oblige à demeurer pour guérir les malades de son royaume. Roué de coups une fois de plus, le vilain se résigne à rester. On lui coupe les cheveux, on le rase, on lui revêt une belle robe écarlate, signe de ses hautes fonctions.

Quatre-vingts malades se rassemblent au château pour qu'on les soigne.

« Le roi dit au vilain : beau maître,
Prenez en charge tous ces gens.
Au travail ! Guérissez-les moi !»

Pour échapper aux coups de bâton, le vilain improvise une savante mise en scène. Il fait faire du feu dans la grande salle et demande qu'on l'y laisse seul avec le troupeau des éclopés. Il explique alors qu'il est vraiment difficile de les guérir tous. Il existe un seul moyen d'y parvenir :

« Le plus malade choisirai
Et brûlerai en ce grand feu.
Les autres consommeront ses cendres.

Tous ceux qui la poudre boiront
Tout aussitôt guéris seront.»

Les malades se regardent avec inquiétude. Il n'est pas un bossu ni un contrefait qui voulût admettre « Lui eût-on donné la Normandie, /Qu'il avait une grave maladie.»
Le soi-disant mire s'adresse à l'un :
« Je te vois fort affaibli.
C'est toi le plus atteint de tous.
– Maître, merci, je suis guéri.
– Alors va-t-en. Que viens-tu faire ici ?»
L'autre s'empresse de sortir. Au passage le roi lui demande s'il est guéri.
« Oui, sire, grâce à Dieu.
Je suis plus sain qu'une pomme.
Ce maître est vraiment un grand homme.»

Personne n'acceptant d'être rôti au feu, tous les malades s'en vont les uns après les autres. Le roi émerveillé complimente son mire.
« Sire, fait-il, je les ai enchantés.
Je sais un charme qui mieux vaut
Que gingembre ou zédoaire.»
Puisqu'il n'y a plus personne à soigner, le roi permet au mire de rentrer chez lui. Comblé de présents, le vilain promet de revenir au premier appel et sans qu'il soit nécessaire de le battre. Il n'eut plus à pousser la charrue car il était désormais riche.
« Plus jamais ne fut par lui battue
Sa femme, qu'il aima et chérit.
Il en alla comme je vous dis :

Grâce à cette femme si rusée,
Il fut médecin sans avoir étudié.»

Ces épisodes cocasses nous sont contés lestement, sans digression ni longueur inutile, en 378 vers d'une forme parfaite. Le conteur utilise quelques-uns des ingrédients typiques des fabliaux : un couple mal assorti, un paysan brutal et grossier mais ingénieux et retors, une femme battue qui sait habilement retourner la situation à son profit, des comparses pittoresques, force coups de bâton, et des répliques bien tournées.

Ce n'est pas un mince mérite d'avoir fourni à Molière l'argument d'une de ses meilleures comédies. Or, c'est loin d'être un cas unique. En l'absence de toute législation sur la propriété littéraire, une notion d'ailleurs inconnue, chacun pouvait prendre son bien où il le jugeait bon et le transformer à sa guise. Les auteurs de nouvelles empruntèrent aux fabliaux, tels Boccace et Chaucer (dans ses *Contes de Cantorbéry*) dès le XIVe siècle, La Fontaine dans ses *Contes* (œuvre libertine dans la lignée de Boccace ou de Rabelais qu'il ne faut pas confondre avec les *Fables* du même auteur), Molière et bien d'autres. Certains contes furent dès le XVe siècle adaptés au théâtre sous forme de farces.

La violence

13. L'exécution capitale, un spectacle populaire

par Claude Gauvard

Spectacle d'une rare intensité, l'exécution capitale est un grand moment de la vie médiévale, d'autant plus qu'elle est rare. Elle choque d'ailleurs l'opinion publique, qui n'octroie qu'à Dieu seul le droit de retirer la vie humaine.

Le 1er juillet 1413, Pierre des Essarts, prévôt de Paris pendant le règne de Charles VI, est condamné à mort et exécuté sous une forme que nous relate l'un de ses contemporains resté anonyme, et connu sous le nom de « Bourgeois de Paris » :

« Fut ledit prévôt pris dedans le Palais, traîné sur une claie jusqu'à la Heaumerie [rue Saint-Denis], et puis assis sur une planche en la charrette, tenant une croix de bois en sa main, vêtu d'une houppelande à carreaux fourrée de martres, des chausses blanches et des escafinons [chaussons] noirs en ses pieds, en ce point mené ès Halles de Paris, et là on lui coupa la tête, et fut mise plus haut que les autres plus de trois pieds. Et si est vrai que, depuis qu'il fut mis sur la claie jusqu'à sa mort, il ne faisait toujours que rire, comme il faisait en sa grande majesté, dont la plupart des gens le tenaient pour vrai fou, car tous ceux qui le voyaient pleuraient si piteusement que vous ne ouissiez oncques parler de plus grands pleurs pour mort d'homme, et lui tout seul riait, et était sa pensée que le commun le gardât de mourir… Et sachez que, quand il vit

qu'il convenait qu'il mourût, il s'agenouilla devant le bourreau, et baisa une petite image d'argent que le bourreau avait sur la poitrine, et lui pardonna très doucement sa mort, et pria à tous les seigneurs que son fait ne fût point crié tant qu'il fut décollé, et on le lui octroya.»
Le corps de Pierre des Essarts est ensuite pendu. Le contexte de la guerre civile entre les Armagnacs et les Bourguignons, qui est à l'origine de cette décision judiciaire, importe peu ici : Pierre des Essarts, Bourguignon, est la cible des Armagnacs qui, revenus au pouvoir, se vengent des exécutions capitales qu'il avait commandées contre leurs partisans.

Des peines adaptées au rang et au crime

Ce récit permet de bien comprendre comment se déroule une exécution capitale à la fin du Moyen Âge, au moment où les sources judiciaires décrivent de façon de plus en plus précise la justice criminelle du roi. Une fois la sentence de mort prononcée, l'exécution capitale a lieu de façon quasi immédiate et elle se déroule en suivant un rituel très strict. Le mode d'exécution varie selon le statut social ; en général les nobles sont décapités avant d'être pendus et ils gardent effectivement leurs vêtements distinctifs, fourrures et éperons, alors que les roturiers sont déshabillés et pendent, en chemise, au gibet. Est-ce un signe de révérence vis-à-vis de la noblesse ? Sans doute, mais le résultat est ambigu. En effet, si la hiérarchie sociale reste apparente jusque dans la mort, la peine capitale se révèle d'autant plus infamante que le supplicié occupe une place de choix dans la société. Sur la charrette et sur le gibet, on le reconnaît au premier coup d'œil. Celui qui devait, par sa position sociale, se montrer exemplaire dans la vie, a totalement et publiquement failli à sa mission pour devenir un objet de dérision parfaitement reconnu. Le mode d'exécution capitale varie aussi selon la nature du crime commis. Les auteurs de meurtres sont traînés sur une claie avant de subir la pendaison qui, en général, est réservée aux larrons. Les criminels de lèse-majesté sont décapités. Ici, Pierre des Essarts, accusé d'avoir fait mourir injustement ses adversaires politiques pendant la guerre civile, est effectivement traîné avant d'être décapité à la fois parce qu'il est noble et parce qu'il est l'auteur de crimes politiques et de crimes de sang. En revanche, les faux-monnayeurs sont en principe bouillis dans un grand chaudron, les sorciers et sorcières, comme les hérétiques, sont brûlés, les auteurs de crimes sexuels comme la bestialité, l'homosexualité ou l'inceste sont aussi brûlés. Les femmes sont plus facilement enfouies vivantes dans une fosse au pied du gibet ou brûlées que les hommes, mais certaines peuvent

La justice de Dieu ou l'ordalie

L'ordalie est une épreuve physique constituant une preuve d'innocence en justice. Elle repose en fait sur l'idée que Dieu ne peut laisser périr l'innocent ou triompher l'injustice. Le Moyen Âge invente des ordalies de toutes sortes comme l'épreuve au fer rouge ou à l'eau glacée. Le duel judiciaire représente la forme la plus durable de la sollicitation du Jugement de Dieu. L'Église marque très vite des réticences, préférant le serment judiciaire, prêté par le justiciable, qui paraît moins brutal et dont, surtout, les séquelles sont de la compétence des juges ecclésiastiques. La plupart des ordalies sortent de l'usage au XIe siècle et il ne subsiste au XIIIe siècle que le duel judiciaire qui, interdit au concile de Latran en 1215, sera encore pratiqué jusqu'au temps de Philippe le Bel.

aussi être pendues. C'est ainsi qu'en 1466, à Paris, un « gros Normand qui avait longtemps maintenu une sienne fille et en avoit eu plusieurs enfants… » se retrouvent, lui pendu et étranglé au gibet de Paris, elle brûlée à Magny-en-Vexin, près de Pontoise où le couple habitait.

La peine de mort la plus répandue est la pendaison, à laquelle n'échappent pas ceux qui sont décapités, y compris quand une partie de leurs membres restent fichés sur des lances pour être présentés sur des places publiques ou aux portes de la ville. Ce qui subsiste de leur corps est pendu au gibet où il est parfois mis en sac.

Un rituel centré sur l'infamie

Le cheminement vers le lieu d'exécution et l'exécution elle-même sont l'objet d'une cérémonie dont tous les moments ont un sens. La rue qui conduit au supplice est, dans chaque ville, toujours la même et elle doit être peuplée par un abondant public : le cortège passe donc de jour, à une heure d'activité, si possible un jour de marché. La foule s'y presse, « commun » anonyme qui entoure Pierre des Essarts et qui à Paris se rassemble aux Halles pour la décapitation car là se trouve l'échafaud, c'est-à-dire l'estrade ou le bourreau fait son office à l'aide de son épée. Cette foule peut aussi être sollicitée lors des arrêts du cortège, en général aux carrefours, pour insulter le condamné ou lui jeter des pierres et de la boue. « Batez fort et n'épargnez point ce paillart, car il a bien pis desservi !», crie encore le public sous le règne de Louis XI. Le condamné est mis dans une charrette, la charrette d'infamie qui est aussi celle de la boue des rues et des ordures. Au moment de l'exécution, un responsable de la justice crie l'acte d'accusation, le dictum, au peuple qui l'écoute. Puis le bourreau fait son office.

Les gestes et les cris qui scandent ces cérémonies ont un sens symbolique. La peine doit prendre une valeur exemplaire et le pouvoir affirme ainsi sa force. Il manifeste aux yeux de tous qu'il peut être pouvoir de mort. Tous les théoriciens politiques de la fin du Moyen Âge qui réfléchissent à l'importance de la peine de mort insistent sur ce point. Cette punition pour l'exemple est manifeste dès le règne de Saint Louis et elle s'accroît à la fin du XVe siècle, sous le règne de Louis XI, comme en témoignent de nombreuses décapitations pour motifs politiques, telle l'exécution du comte de Saint-Pol. Et le roi lui-même disait qu'« on ne punit pas le malfaiteur pour le méfait mais pour l'exemple ». Enfin, à partir du XVIe siècle, l'éclat des supplices devient un spectacle terrorisant, en particulier quand il s'agit de lèse-majesté. D'ailleurs les gibets, placés en dehors des villes et à proximité des murailles, ont un effet dissuasif. A Arras ou à Amiens, la ville se trouve ainsi ceinturée de cadavres qui participent à l'expression de son autorité.

La foule est donc là pour prendre exemple et, parce qu'elle est terrorisée, pour être dominée. Mais la foule est aussi là pour participer à l'exécution et sa présence est nécessaire à l'accomplissement de la peine. Elle est témoin de l'infamie qui, peu à peu, au cours du rituel judiciaire, rejette le condamné hors du monde des vivants, l'exclut comme inutile au monde et irrécupérable. Tout concourt à construire l'infamie du condamné dont l'honneur doit être bafoué pour qu'il y ait mise à mort. La présence du public garantit l'efficacité de la honte et du souvenir de la peine. A une époque où l'honneur se manifeste plutôt par la renommée, c'est-à-dire par le regard et le jugement que les autres portent sur l'individu, ces cérémonies créent une infamie irréversible. Pierre des Essarts échappe en partie au déshonneur en obtenant que ses méfaits ne soient pas criés en sa présence. D'autres demandent à être condamnés de nuit, et si possible à être noyés plutôt que d'être pendus tant le déshonneur du gibet retombe sur l'ensemble de la parenté. Car le souvenir de la peine perdure au-delà du temps du châtiment. Les corps pendus restent parfois plusieurs années au gibet, jusqu'à tomber en poussière, et il faut une autorisation spéciale de la justice pour que les parents puissent les retirer et les faire enterrer.

Le rituel de la peine de mort, tel qu'il est installé à la fin du Moyen Âge, montre bien que la condamnation est vivement ressentie comme une atteinte à l'honneur personnel et familial. Mais le peuple est aussi là pour être actif. Comme nous l'avons vu, il intervient par des gestes et des cris qui rappellent le lynchage. A l'inverse, sa présence peut se révéler bénéfique. En effet, jusqu'à la dernière minute, la foule peut intervenir pour faire en sorte que le condamné soit gracié.

L'indulgence du public

Pierre des Essarts, par son rire incongru, se comporte comme un fou et il pense que le public doit le considérer comme tel, ce qui lui donne des chances d'être libéré. Le fou, comme l'enfant mineur ou la femme enceinte, ne peut pas être condamné à mort.

D'autres peuvent arguer du statut de clerc. En principe jugé par des tribunaux ecclésiastiques, le clerc coupable ne peut pas être condamné à mort car la justice d'Église ne répand pas le sang, en vertu de la loi divine « Tu ne tueras point ». Les représentants de la loi ont beau dire qu'il est interdit d'empêcher une exécution capitale, la résistance reste vive. Parfois, une simple jeune fille du peuple peut se précipiter pour obtenir la grâce du condamné en promettant de l'épouser si celui-ci est jeune homme à marier. Plusieurs témoignages subsistent de ces scènes qui arrachent force larmes aux participants et qui montrent de façon symbolique la place que conservent les initiatives populaires. Enfin le peuple guette les moindres signes qui peuvent prouver une intervention divine avant l'exécution : la corde qui se casse au moment du supplice, l'échelle du bourreau qui se révèle trop courte ou qui se brise, les liens du supplicié qui tombent d'eux-mêmes. Si le bourreau a un geste malheureux et rate une première fois sa victime, la preuve peut être faite que Dieu a arrêté son bras. Ces miracles n'existent que par le public qui les décèle et qui les interprète. Alors des cris s'élèvent pour sauver le supplicié, car Dieu a parlé par la bouche du peuple.

C'est dire que, jusqu'à la fin du Moyen Âge, la condamnation à mort suppose l'assentiment d'une foule unanime dont l'accord tacite vient compléter la décision prise par les juges. La cérémonie du parcours rituel est là pour créer cette unanimité, pour discipliner ce qui pourrait n'être qu'un simple lynchage. Exclure est un acte grave, contre nature, et pour le mener à bien, il faut encore l'accord de tous. Mais, au fur et à mesure que la justice du roi l'emporte par la rigidité de son droit, les prérogatives de la foule diminuent et la terreur de la soumission succède à la participation active qui était reconnue au peuple.

Ces considérations prouvent que la peine de mort n'est pas facilement acceptée et que son installation dans les mœurs et dans la justice a une histoire. Encore à la fin du Moyen

Âge, la peine de mort est vécue comme une rupture et comme une exclusion dont le rituel doit être soigneusement respecté pour que les faits soient apprivoisés. Ainsi s'explique que le bourreau exerce à la fois la crainte et la fascination. Il touche au sang humain et il tue. Pour que ne s'exerce pas le droit de vengeance à son égard, il faut que son action soit conforme au rituel qui est accepté par tous.

Une peine rare

Dans ces conditions, la peine de mort reste rare. Pendant le Haut Moyen Âge, si on considère la loi salique, les exécutions capitales ne sont pas prévues. Les auteurs d'homicides ou de vols sont condamnés à des compositions financières. Les rois mérovingiens affirment bien le principe de la peine de mort, mais ils l'exercent surtout en cas de crimes politiques ou de crimes de mœurs, en particulier en cas d'adultère, après que l'accusé eût été soumis à l'ordalie. La décision n'est prise qu'après recours à la volonté de Dieu qui se manifeste par la preuve ordalique.

En revanche, les auteurs de crimes de sang ne font pas l'objet de poursuites publiques systématiques ; la résolution des conflits se fait sur un mode privé, selon les lois de la vengeance. Celui qui a été tué trouve dans sa parenté un vengeur qui rend le sang pour le sang. Une amende peut alors venir limiter la vengeance, ou alors celle-ci s'arrête d'elle-même car son déroulement est, lui aussi, soumis à des lois tacites. Seuls les auteurs de parricides peuvent être condamnés à des peines spectaculaires. Des pèlerinages pénitentiels très rigoureux les conduisent, avec des chaînes et en chemise, jusqu'à des sanctuaires lointains où ils viennent prier pour expier leur faute et espérer leur délivrance, par exemple à Notre-Dame du Puy ou à Notre-Dame de Rocamadour.

Au cours du XIe siècle, au temps des seigneuries politiques et indépendantes, la justice tend à se faire terrible et exemplaire. Il s'agit là, le plus souvent, d'une apparence. Les seigneurs érigent des gibets aux limites de leurs seigneuries pour prouver leurs droits aux seigneurs rivaux avec qui ils sont en guerre, plus que pour exécuter leurs hommes. Les condamnés sont surtout des larrons extérieurs à la communauté, rarement des paysans de la seigneurie. Ces pouvoirs coercitifs sont cependant critiqués. C'est ainsi qu'apparaissent les premiers récits de pendus qui ont été dépendus par l'intervention de la Vierge ou d'un saint, par exemple saint Jacques ou sainte Foy de Conques. Ces récits de miracles démontrent la violence injuste des puissants et véhiculent des courants hostiles à la peine de mort, courants que reprennent au XIIe siècle les cathares dans le Midi.
Ailleurs, et surtout dans le Nord, la justice publique, celle des villes et celle du roi, impose sa loi qui comporte la peine de mort. Les recueils écrits par les juristes et connus sous le nom de *Coutumiers* prévoient soigneusement de codifier les peines en fonction des types de délits et ils pourraient donner à penser que les exécutions capitales sont nombreuses. Par exemple, Philippe de Beaumanoir, qui rédige les *Coutumes de Beauvaisis* vers 1280, pense que, dans bien des cas, les larrons doivent être pendus haut et court. En fait, les actes de la pratique montrent que le vol peut faire l'objet d'un nombre infini de décisions judiciaires. Il est totalement excusé en cas de pauvreté, selon l'excuse d'extrême nécessité, elle-même reconnue par le droit de l'Église ; il est le plus

souvent soumis à des amendes soigneusement tarifées. Enfin, surtout s'il s'agit de larrons inconnus, le coupable peut être seulement essorillé ou encore battu de verges puis banni. Les coupables peuvent être emprisonnés quelques jours ; ils sont très vite relâchés. Rares sont les condamnations à mort. Le bannissement intervient aussi très rarement, en principe en cas de récidive.

Cependant, au cours des XIVe et XVe siècles, les progrès de l'État suscitent un développement de la peine de mort. D'une certaine façon Paris devient un centre des exécutions capitales, jouant son rôle policier nécessaire au modèle politique vers lequel tendent les réformateurs qui fondent le pouvoir royal sur le bon exercice de sa justice. Au même moment, Avignon, capitale de la papauté, devient aussi un centre exemplaire des condamnations décidées par la monarchie pontificale.

Mais qu'en est-il ailleurs ? Il semble bien que la corde soit moins prompte. A Montpellier, une plaidoirie de 1405 constate que les gens « sont merveilleus et y a plus de cent ans que on ne fit justice de personne qui eust puissance car il composent tousjours a argent et on tousjours acoustumé de menacier le juge et de le mectre au procès se il fait justice.» A Saint-Riquier, en 1402, on prétend que depuis seize ans il n'y a eu aucune exécution capitale et qu'il est, par conséquent, difficile, voire impossible de trouver un bourreau. La résolution des conflits s'y est faite par des voies parallèles à la justice, par des transactions qui supposent des compositions financières et des paix privées. Les juges s'élèvent contre ces pratiques, mais la justice du roi est encore loin de vouloir le monopole de la justice. Si, comme nous l'avons vu, elle désire tant être exemplaire, c'est qu'elle conserve une conception bien particulière du pouvoir justicier. Elle frappe de temps en temps, dur et fort, en accord avec la communauté qui cherche à expulser ceux qui lui nuisent. Mais le plus grand nombre des conflits continue à relever des résolutions privées, y compris pour les crimes les plus graves qui auraient dû déboucher sur la peine de mort. Punir pour l'exemple a donc comme corollaire l'existence de ces transactions dont le but est de faire la paix entre les parties adverses plutôt que de clamer aux yeux de tous la vérité du cas et la puissance coercitive du souverain.

Les lettres de rémission : le pardon du roi

En fait, pour lutter contre le crime, le roi de France, mais aussi certains princes comme le duc de Bourgogne ou le duc de Bretagne, préfèrent jouer le rôle d'arbitre et favoriser la paix. Ils fondent leur pouvoir justicier sur la grâce autant que sur la peine de mort. Dès le début du XIVe siècle, le roi émet des lettres de rémission qui permettent aux criminels de bénéficier de sa grâce. Elles sont conservées dans une série impressionnante aux Archives nationales.

Là encore, des rituels fondent l'aspect biface d'un pouvoir qui oscille entre la vie et la mort. On peut prendre comme exemple l'entrée de Charles V à Rouen en juin 1364. Le nouveau souverain accorde, selon une coutume déjà bien établie, un certain nombre de lettres de rémission et, au même moment, il ordonne le supplice de Pierre de Sacquenville qui avait été fait prisonnier à la bataille de Cocherel. Ce Navarrais, endurci dans le crime, est écartelé sur la place du Vieux-Marché. D'un côté les portes des prisons s'ouvrent sous les yeux du public, de l'autre le peuple terrorisé, mais satisfait, assiste à l'exécution capitale.

Une vingtaine d'années plus tard, Charles VI, entrant dans la même ville après la révolte de la Harelle, renouvelle son pouvoir en décidant arbitrairement du sort des coupables. Six des hommes arrêtés et emprisonnés sont exécutés ; six autres sont sortis de prison pour être graciés. Ces éléments proclament aux yeux de tous le droit de vie et de mort du souverain. Mais ce geste, dans son balancement, est à la fois exceptionnel et fondateur. Sa pseudo-égalité justifie un pouvoir bivalent. Elle ne signifie pas que, dans la pratique, le roi applique autant la peine de mort que la grâce, mais que l'une et l'autre sont du domaine du possible.

En réalité, la série impressionnante des lettres de rémission conservées dans les archives de la Chancellerie pour les XIVe et XVe siècles montre très clairement que la grâce royale l'emporte largement sur la peine de mort. Pour obtenir une lettre de rémission, il suffit de faire une requête à la Chancellerie et de payer le document qui lui correspond, puis de le faire approuver par la juridiction d'origine, en présence des parties adverses. Certains criminels ont déjà été condamnés à mort ou au bannissement par des justices locales, qu'elles soient seigneuriales ou royales. Dans le cadre de cette justice retenue, aucun crime n'est alors irrémissible, du meurtre à l'homosexualité, de l'infanticide au viol. Des crimes politiques et des vols graves sont aussi remis.
La lettre de rémission se présente bien comme l'antithèse de la peine de mort, et cela quel que soit le crime commis. Tous les crimes peuvent être remis, mais les plus faciles à pardonner sont les homicides commis pour venger un honneur blessé. Sous le règne de Charles VI, ils constituent environ 57 % des crimes pardonnés alors que les crimes

contre les biens atteignent environ 20 % des cas, les crimes de mœurs 5 % et les crimes politiques comprenant des cas de lèse-majesté jusqu'à 8 % des cas.

Tous bénéficient du pardon royal

Toutes les catégories sociales bénéficient de la clémence royale et la libéralité du prince réduit considérablement le filtre que peut constituer le prix d'achat de la lettre. La force des réseaux de solidarité dans une société de la tradition permet d'ailleurs de compenser les effets pervers du barrage financier. « Amis » et « amis charnels » sont les principaux demandeurs de la grâce comme ils sont aussi les premiers à se grouper pour acheter la lettre et pour garantir la paix qui se soude avec la partie adverse.

Reste le problème des « marginaux » et des « exclus ». Certains peuvent obtenir une lettre de rémission par les voies les plus traditionnelles comme en témoigne l'exemple célèbre du poète Villon. Mais on voit aussi les grands criminels aborder le roi sur le chemin, tels ces « trois forts larrons » venus demander grâce à Louis XI, en 1467, alors que celui-ci se rend en pèlerinage à Saint-Denis. La meilleure façon est encore, comme le montre Christine de Pisan à propos de Charles V, de se rendre auprès du souverain à la sortie de sa chapelle quand Dieu, présent en son cœur, facilite l'accès aux requêtes.

Une société d'honneur, une justice de miséricorde

Dans cette société de la fin du Moyen Âge qui reste fondée sur l'honneur, au nord comme au sud du royaume, la peine de mort s'avère donc inutile pour la plus grande partie des crimes de sang. L'explication vient moins d'une carence de l'État que de la nature des valeurs sociales que le crime a pu mettre en jeu. Dans ces conditions la peine de mort est bien réservée à des cas rares pour lesquels elle resterait effectivement traitée de façon exemplaire, « pour bien de justice et pour donner exemple a touz autres ». La peine de mort est aussi réservée à certains crimes, à commencer par les crimes politiques, et à certains criminels qui peuvent être considérés par l'opinion comme des boucs émissaires. L'accomplissement d'une exécution capitale relève d'une sorte de scandale que Dieu peut toujours éteindre.

La mise à mort reste un phénomène marginal et inquiétant. En règle générale la présence du gibet inspire à la fois fascination et répulsion. Au début du XVe siècle, le prévôt de Paris, Guillaume de Tignonville, fut obligé d'interdire la fréquentation des gibets parisiens car les os et le sang des suppliciés servaient à confectionner des poudres utilisées en sorcellerie. L'« éclat des supplices », dont Michel Foucault a décrit l'importance pour l'époque moderne, existe bien dès le Moyen Âge, mais il est lié à certaines exécutions capitales, en général de type politique, et son usage ne doit donc pas conduire à des généralisations hâtives : la peine de mort reste finalement exceptionnelle et elle est quantitativement et sociologiquement limitée. Dans une société qui reste encore largement traditionnelle, la violence a des formes telles que les parentés peuvent et savent s'accorder pour résoudre les conflits.

Enfin et surtout, l'exercice de la justice est limité par la nature du pouvoir royal, qui à l'image du pouvoir divin est fondé sur la miséricorde plus que sur la rigueur de la justice.

14. Une bataille : du Guesclin à Cocherel

par André Castelot

Avec la guerre de Cent Ans, la guerre se fait plus sophistiquée, mais aussi plus meurtrière. En témoigne ce récit de la bataille de Cocherel (Eure), le 16 mai 1364. Bertrand du Guesclin, capitaine des forces françaises y affronte les Anglo-Navarrais de Jean de Grailly, captal de Buch. En fait, le conflit est largement franco-français, puisque la majorité des Anglais sont gascons. Bataille importante, qui permet aux Valois de prendre un avantage décisif sur Charles le Mauvais, roi de Navarre, allié à Édouard III d'Angleterre. C'est que Charles, outre son royaume méridional, était comte d'Évreux, et donc en possession de fiefs normands qui menaçaient le nord de la France. Bataille essentielle aussi, en ce qu'elle montre, pour une des premières fois au Moyen Âge, l'application d'une tactique complexe : les chevaliers français, réputés comme des cavaliers impétueux, se battront à pied, et useront de ruse.

Une fois encore, les Anglo-Navarrais ont l'avantage du terrain. Ils sont installés sur les hauteurs, près du hameau de Cocherel, dominant l'adversaire. Celui-ci est campé dans de vastes prairies, au-delà de Pacy-sur-Eure. Ayant l'Eure derrière eux, ils ont grand-peine à se ravitailler.

Commandée par le captal de Buch, l'armée anglo-navarraise compte environ six mille combattants, archers anglais et

cavaliers. Les capitaines des Anglais s'appellent Blancbourg et Jouel. Le bâtard de Mareuil est à la tête de huit à neuf cents cavaliers bardés de fer.
Les troupes de du Guesclin sont hétérogènes. On y voit des arbalétriers parisiens et picards, un contingent de deux cents Bretons, farouches et ardents. Arnaud de Cervole dit l'Archiprêtre (parce qu'il perçoit les revenus d'un archiprêtre) a amené sous sa bannière des routiers bourguignons. Il y a même un groupe de Gascons, ce qui fait grincer les dents du captal, Gascon lui-même, qui s'écrie, quand il l'apprend de la bouche de Faucon :
- Par le cap Saint-Antoine, s'il en va de la sorte, nous verrons Gascons contre Gascons s'éprouver comme il sied !
Parmi les chefs français il y a le comte d'Auxerre, le vicomte de Beaumont, le sire de Beaujeu. Le comte d'Auxerre a refusé le commandement du combat par modestie, jugeant que du Guesclin est plus expérimenté. De fait le cri de guerre sera ce jour-là : « Notre-Dame Guesclin !»

Du Guesclin a fait modifier l'armement des cavaliers et imaginé – pour la première fois dans l'histoire de la guerre de Cent Ans- un semblant de tactique. La lance des cavaliers a été raccourcie, ce qui permet de combattre à pied plus efficacement si le cheval a été abattu. Quant à la tactique, elle comporte une ruse et une précaution.
Les hommes du captal de Buch s'attendent à voir la chevalerie française se jeter à l'assaut des hauteurs en masse pesante et brutale. Comme à Crécy, comme à Poitiers. les archers anglais, de leur tir précis, faucheront les assaillants grâce à leur situation. Or rien ne se produit. Depuis deux jours qu'il est rangé en bataille, le corps français ne bouge

pas. Privés de ravitaillement, les hommes commencent à souffrir.

- Patience, commande du Guesclin qui envoie des messages au captal pour lui offrir un combat singulier que celui-ci décline, persuadé que ses adversaires sont en fâcheuse posture. Les troupes françaises commencent à battre en retraite lentement vers l'Eure. « Ils fuient !», s'écrie Jouel, le chef des archers anglais. Ceux-ci, impatients de combattre, dévalent les hauteurs, malgré l'avertissement de Blancbourg qui craint une ruse.
Blancbourg a vu juste : à peine les Anglo-Navarrais sont-ils dans la vallée que les Français se retournent et contre-attaquent avec fureur. C'est la terrible mêlée habituelle, mais, cette fois, les hommes de du Guesclin ont l'avantage de la surprise. A pied, ils combattent à l'épée, à la hache ou à la lance alors que les archers anglais, dont l'arme est devenue inutile, se débandent petit à petit. Cependant, le captal se défend avec une énergie redoutable.

Un moment, on peut se demander qui va l'emporter. Du Guesclin abat lui-même de son épée le bâtard de Mareuil qui l'injuriait. Jouel est tué. Puis Bertrand fait donner de flanc une troupe de deux à trois cents Bretons qui jettent le désarroi chez les combattants navarrais. Cette surprise lui permet d'emporter la décision. Le captal de Buch, blessé, rend son épée à du Guesclin.
- La journée est nôtre, mes amis !
Quelques bandes navarraises parviennent à fuir. La plupart des autres sont morts, blessés ou prisonniers.
André Castelot.

Quand Rodrigue le routier sème l'épouvante

La guerre de Cent Ans voit aussi l'invention de la guerre terroriste. Dès la décennie 1340, Édouard III d'Angleterre inaugure une série de raids en territoire ennemi, destinés à ruiner les populations - et donc à diminuer la « masse fiscale ». Se multiplient aussi les routiers, des irréguliers pillards, dont le comportement ne varie guère qu'ils soient en service ou qu'une trêve les laisse sans emploi.

Rodrigue de Villandrando représente le type le plus achevé du chef de routiers. Cet homme était si méchant, dit un vieil historien, que son nom est tourné en proverbe dans la Gascogne, et qu'on appelle un Rodrigue un homme brutal et cruel. Fils d'un pauvre hidalgo castillan, Rodrigue vint en France vers 1410 ; un de ses oncles avait épousé la sœur d'un des compagnons de du Guesclin, lorsque celui-ci était passé en Espagne à la tête des Grandes Compagnies. Le jeune homme figura d'abord dans la bande du seigneur de L'Isle-Adam, qui louvoyait alors entre Armagnacs et Bourguignons, et finit pas se rallier au duc de Bourgogne.

Ces succès militaires constituent de belles opérations financières : les nombreux prisonniers faits à Anthon (qu'il a racheté à vil prix à ses compagnons) lui assurent d'énormes rançons ; les États du Dauphiné, en témoignage de reconnaissance, lui concèdent la seigneurie de Puzignan, et Charles VII lui donne le titre d'écuyer du roi.

Entre-temps d'autres exploits, moins recommandables, illustrent son nom. À Lyon, la seule nouvelle de son approche a semé l'épouvante. Le conseil de ville s'est réuni : essaiera-t-on de résister par les armes, ou achètera-t-on son départ au prix qu'il a lui-même fixé, soit quatre cents écus d'or ? La décision tardant à venir, Rodrigue dévaste les villages voisins et menace de couper le ravitaillement de la grande ville. On se décide donc à offrir les quatre cents écus demandés. Mais Villandrando exige le double maintenant. Le conseil de ville se tourne alors vers le sénéchal royal, Imbert de La Groslée, pour organiser une levée générale de la noblesse du pays contre les Rodriguais. Le nombre d'hommes d'armes réuni est insuffisant et Imbert de La Groslée – qui avait été compagnon d'armes de Rodrigue – se charge d'arranger les choses. Il obtient, moyennant finance, le retrait du routier qui ne conservera pas rancune aux Lyonnais de leurs velléités de résistance.

Après la bataille d'Anthon, Rodrigue a installé son quartier général dans le Vivarais. Une fois la région épuisée, il remonte vers l'Auvergne et le Limousin, se faisant payer partout de grosses rançons pour épargner les villes. La rapidité de ses déplacements tient du prodige et l'épouvante qu'il suscite en fait presque un personnage de légende. Entre 1430 et 1435 sa carrière touche à son apogée : de tous côtés on sollicite son aide. La bande de Rodrigue garde son autonomie, et, tandis que les écorcheurs ravagent les régions de l'est et du nord-est, elle va exploiter le Centre et l'Aquitaine. Les sollicitations les plus vives lui viennent de Castille, où le roi Jean II et son connétable, Alvaro de Luna, sont menacés par une coalition féodale. Rodrigue passe en Espagne, écrase l'armée rebelle, et gagne le titre de maréchal de Castille. Désormais Villandrando, comte de Ribadeo, l'un des grands personnages du royaume, ne quittera plus son pays d'origine.

Les loisirs

15. Meutes et faucons, la chasse gardée du roi et des seigneurs

par Colette Beaune

La chasse à courre est le passe-temps favori des nobles, surtout pendant les périodes où l'on ne peut exercer le métier des armes. A cheval, le seigneur traque cerfs et sangliers sur ses terres. Car la chasse est la marque incontestable du pouvoir seigneurial. Elle est d'ailleurs perçue comme telle : en 1789, les cahiers de doléances réclameront l'abolition de ce privilège abhorré.

La chasse aristocratique se fait à cheval. Faucon sur le poignet, on traque les oiseaux ; avec une meute, on chasse à courre cerfs et sangliers.

Une utilité évidente

A un premier niveau, la chasse a une utilité concrète évidente. Elle permet de limiter la prolifération du gibier, particulièrement des nuisibles. Si les paysans n'apprécient pas forcément de voir la troupe des chasseurs traverser leurs blés, ils n'acceptent pas non plus les renards dans leurs poulaillers ou les dégâts des sangliers dans leurs plantations. Chasser les loutres qui s'attaquent aux viviers ou les loups qui s'en prennent aux troupeaux fait partie de la fonction seigneuriale. Toute grande seigneurie a ses loutriers ou louvetiers et le prince participe parfois à cette chasse administrative, pas forcément très glorieuse. Ainsi, les loups peu-

vent être empoisonnés, piégés (au cep, à la fosse ou aux aiguilles cachées dans appât). Les comptes de la gruerie de Bourgogne mentionnent pour 1354 la prise de 11 loups, 4 louves et 34 louveteaux.
On chasse aussi le loup, mais assez rarement. Ainsi quand la crise multiplie les friches au début du XVe siècle, les loups à la recherche de nourriture se replient sur les villes. Le Bourgeois de Paris[6] voit les loups entrer dans les rues de la capitale et y attaquer les enfants. Loups réels ou loups fantasmés? Le duc Jean de Bourgogne organise alors de grandes chasses aux loups dont il est le premier participant. Traque-t-il des loups réels ou son adversaire d'Orléans dont les troupes assiègent la ville? Les Bourguignons assimilent en effet le duc Louis (« Loup il » est) aux loups ravageurs et rapineurs.

Le gibier sur la table des nobles

Chasser fournit fourrure et surtout viande. Les premières sont fort utiles dans une société où le chauffage est quasi inexistant. Pauvres et riches en portent à l'intérieur de leurs vêtements, chacun choisissant selon sa bourse. Le gros gibier fournit une part appréciable de l'alimentation nobiliaire. Tout grand seigneur nourrit sa famille, son hôtel (serviteurs, clercs ou pages). Sous le règne du roi Charles VI, la vénerie livre à la table royale deux à trois pièces par jour capturées dans les forêts giboyeuses du Bassin parisien. Comme les hôtels regroupent environ huit cents personnes, des achats de viande de boucherie complètent cet approvisionnement.
D'autres cours sont moins avides de gibier et le réservent aux occasions exceptionnelles. A la table de l'archevêque

6 *Journal d'un bourgeois de Paris, 1405-1449*, éd. Colette Beaune (LGF, coll. « Lettres gothiques », 1990).

d'Arles, on ne consomme du cerf qu'une fois l'an. De plus, aucune cour ne consomme tout le gibier qu'elle chasse. Il est d'usage d'en donner une part non négligeable à ses alliés ou serviteurs de haut rang, de même qu'on en reçoit assez fréquemment de ses vassaux. Ainsi, la cour de Philippe de Rouvres, au milieu du XIVe siècle, offre cerfs et venaison aux membres du conseil ducal à Dijon, aux parents du prince, aux grandes abbayes bourguignonnes mais aussi aux cardinaux d'Avignon ou au pape. Le chapelain du gruyer convoya par exemple en 1353 par terre puis en descendant le Rhône trois cerfs bien salés et enveloppés, ce qui lui prit quand même cinquante jours aller et retour ! Nous ne savons si le pape en mangea; mais toute cette circulation du gibier matérialise les liens d'alliance ou de soumission au sein de la société politique.

La vaine hostilité des clercs

C'est que la chasse est à l'époque médiévale un enjeu symbolique décisif, à la fois religieux et politique. Les clercs sont traditionnellement hostiles à la pratique de la chasse. Les souvenirs des *venationes antiques* qui mettaient en scène le pouvoir païen de l'empereur romain y sont probablement pour quelque chose. La Genèse permettait pourtant à l'homme de gouverner les animaux et de s'en nourrir. Mais l'Ancien Testament comptait bon nombre de chasseurs maudits. Le tyran Nemrod qui défia Yaveh en édifiant la tour de Babel répandait par la chasse le sang et la terreur dans son empire. Ésaü perdait ses droits pour s'être attardé à la chasse. La chasse était ainsi associée à l'idolâtrie et à l'injustice.

Le Nouveau Testament désapprouvait la violence; les apôtres furent des pêcheurs (de poisson puis d'hommes) nullement des chasseurs. Les clercs en conclurent au haut Moyen Âge que la chasse était mauvaise. On ne saurait être à la fois saint et chasseur. Les saints soumettaient bien les animaux avec l'aide de Dieu ; loup ou sanglier pouvaient ainsi devenir leur plus fidèle serviteur. D'autres sauvaient les animaux des chasseurs en leur ouvrant chapelle ou ermitage. La légende de saint Eustache très populaire dans tout l'Occident prouvait cette impossibilité. Eustache poursuivait obstinément un cerf au plus profond de la forêt. Dieu lui apparaissait dans les ramures de l'animal. Eustache se convertit. N'étant plus chasseur, il put alors accéder à la sainteté. Renoncer à la chasse ne fait pas le saint, mais c'est un préalable nécessaire.

Morale des clercs contre morale des seigneurs

Très logiquement, la chasse qui conduisait à porter des armes et à verser le sang fut donc interdite aux clercs par le droit canon, du *Décret* de Gratien (vers 1140) au 15e canon de Latran IV (1215). Tant les clercs séculiers que les réguliers devaient s'y conformer. Les évêques vassaux ne purent pas en principe accompagner leur roi à la chasse, les moines dont la consommation de viande était fort réduite ne durent posséder ni chiens, ni faucons ni garennes.

Il était plus délicat d'interdire la chasse aux laïcs, faits pour porter les armes et nourrir les clercs. Tout en la déconseillant, l'Église se borna à l'interdire durant les nombreuses périodes de jeûne et de pénitence (Avent, Carême où la viande était de toute façon proscrite) ou les grandes fêtes liturgiques. De même, les chasseurs ne durent partir que sous la conduite de leur seigneur, mus par le désir de nourriture ou de protection des récoltes non par goût du sang ou du pouvoir. Dans une certaine mesure, il y eut une juste chasse comme il y avait une juste guerre. Les princes les plus scrupuleux ou les plus sensibles aux conseils des clercs ne chassent pas. Ainsi, saint Louis semble n'avoir jamais chassé. Les *Miroirs aux princes*[7] affirment d'ailleurs que l'amour des chiens détourne de Dieu et des pauvres. Mieux vaut se lever à l'aube pour prier que de rassembler alors sa meute. Pourtant, les commentateurs de la Bible concèdent dès le XIIe siècle que les princes peuvent chasser pour nourrir les leurs ou inspirer à leurs sujets comme à leurs ennemis une crainte salutaire !

Sur ce point, l'enseignement de l'Église se heurte en effet à de vives réticences ; seigneurs et princes aiment la chasse ; qui plus est, ils y voient une pratique de pouvoir essentielle. La chasse affirme en effet le pouvoir du seigneur ou du roi tant sur le territoire que sur les hommes qui l'habitent. Elle permet de parcourir ses terres avec armes et chevaux, d'en marquer les limites et de rappeler sa puissance aux rebelles éventuels. D'un côté elle réunit autour du seigneur tous les siens qui reconnaissent ainsi sa supériorité, elle scelle le groupe des laïcs dans une activité partagée ; de l'autre, elle projette l'image d'un pouvoir fort aux yeux des sujets. La chasse mime la guerre sans en avoir les inconvénients. Ne ressemble-t-elle pas à une expédition où tout le groupe seigneurial sort du palais hiérarchisé autour du prince, le suit à la poursuite, tue symboliquement l'ennemi et s'en partage les dépouilles avant de revenir triomphalement à ses bases ?

7 Les *Miroirs* sont au Moyen Âge des ouvrages de vulgarisation.

Tel chasseur, tel prince

Il s'en suit que la chasse désigne en quelque sorte le prince. Avant son avènement, son courage à la chasse prédispose Charles le Chauve à être l'héritier de Louis le Pieux. Philippe Auguste parti chasser avant le sacre s'égare dans la forêt mais Dieu le sauve, mettant ainsi le nouveau règne sous de bons auspices.

Inversement, Louis XI qui le lendemain des funérailles de son père chasse jusqu'à la nuit, vêtu d'un habit rouge et blanc annonce, selon Thomas Basin, un règne tyrannique. Par la suite, les prouesses à la chasse continuent à prouver année après année les capacités du roi à remplir sa fonction. La dernière chasse est tout aussi significative. Le roi peut y prouver une dernière fois sa valeur ou au contraire y trouver une mort honteuse. Guillaume le Roux qui malgré un songe prophétique s'obstine à chasser dans la Neuve Forêt dont il a chassé les paysans y est frappé d'une flèche mystérieuse, instrument de la colère divine. Philippe le Bel avait été un chasseur ardent que les clercs soupçonnèrent d'oublier dans les forêts ses devoirs de roi. Il mourut en 1314 dans des circonstances difficiles (révoltes fiscales, absence de petits fils). Les milieux officiels répandirent des récits de sa mort sainte. Mais de nombreuses rumeurs coururent ; le roi aurait été désarçonné par un sanglier maléfique et traîné au sol par sa monture. Dieu aurait ainsi répondu aux clameurs des pauvres, mettant un terme à sa vie et proclamant son indignité.

Une activité en plein essor, mais réservée à l'élite

Aussi les laïcs sont-ils très tôt conscients de posséder avec la chasse (ou la guerre) un secteur d'activité spécifique, le seul qui échappe à l'emprise des clercs. Lorsque Henri II brouillé avec les légats d'Alexandre III veut affirmer ses distances, il part à la chasse, loin des oreilles indiscrètes et cléricales, plantant là les cardinaux. Dès le XIIe siècle se multiplient les traités de fauconnerie et de chasse qui fixent et classent les principes d'une science expérimentale qui ne dépend pas de l'Église. Le seul livre qu'ait laissé l'empereur Frédéric II est un traité de fauconnerie. Son fils Manfred l'annota et le considérait comme un manuel de gouvernement. En effet chasser suppose des connaissances empiriques multiples sur les animaux ; chiens ou faucons, chevaux, cerfs ou sangliers. Il faut connaître leurs mœurs, leurs maladies, leur reproduction. Toute une technique complexe qu'ignorent les clercs permet la maîtrise de la nature. En se présentant comme capables de dompter les bêtes et la nature, en s'affirmant porteurs d'une culture propre elle aussi digne de l'écrit, les princes affirmaient l'autonomie de leur pouvoir.

Les manuels de chasse en langue vulgaire se multiplient au XIVe siècle ; *Modus et Ratio*, écrit vers 1370, *Déduit des*

Pendus pour braconnage

La chasse joue un grand rôle dans les sociétés médiévales où la forêt et la lande sont le complément indispensable du terroir villageois. La petite chasse rustique s'en prend aux lièvres, aux lapins (qu'on ne sait pas encore élever) ou aux gros oiseaux. Elle se fait à pied ou aux pièges. C'est souvent une chasse paysanne qui fournit un complément apprécié de nourriture. Mais certaines régions la réservent déjà au seigneur. Le braconnage devient alors un sport très répandu mais risqué. Enguerran de Coucy fit pendre sans remords les trois enfants de Flandres qui prenaient des lièvres dans la forêt qu'il revendiquait.

chiens et des oiseaux de Gace de La Buigne, terminé vers 1373, et enfin *Le Livre de la chasse* de Gaston Phébus qui eut un succès fantastique et durable.
Tous les grands ont des meutes (30 chiens pour Philippe de Rouvres mais 234 pour Charles VI) des veneurs nombreux. Jean sans Peur a 55 veneurs, 34 pages qui soignent les 94 chiens de chasse ducaux sans compter 42 oiseaux de proie – majoritairement des faucons.
Chasser (au faucon ou à courre) devient un signe d'appartenance à l'élite. La chasse aux gros animaux de plus en plus réservée de fait aux nobles est valorisée comme culture de groupe, moyen de se distinguer du commun. La chasse entraîne à la guerre, endurcit et forme les jeunes écuyers, permet à tous de vivre sagement et sainement, en évitant l'oisiveté mère de tous les vices. Bons veneurs et chasseurs se retrouveront en paradis. Aussi les scènes de chasse se multiplient-elles aussi bien sur les murs de la chambre du pape à Avignon que dans les miniatures des *Heures du duc de Berry*. Louis XI fit même représenter en habit de chasse sur son tombeau à Cléry, un chien à ses pieds. La chasse avait distingué le roi puis le groupe des nobles : les cahiers de doléances de 1789 réclamèrent l'accès à la chasse pour tous. Ils voulaient certes l'accès au gibier mais aussi à la reconnaissance sociale que la chasse impliquait.

16. Des jeux précurseurs de nos sports actuels

par Jean-Michel Mehl

Des chanoines qui jouent aux quilles, des nobles qui s'adonnent au jeu de paume, des villageois qui s'affrontent au corps à corps : les Français pratiquent toutes sortes de divertissements physiques. La passion l'emporte souvent sur les règlements, et les accidents ne sont pas rares.

En matière de jeux physiques au Moyen Âge, l'imagination populaire n'a retenu que la luxuriance des tournois et des joutes ou l'adresse et la maîtrise corporelles de jongleurs allant s'exhiber de château en château. Autant de divertissements aristocratiques qui étaient, dans le premier cas exclusivement un exercice guerrier, et dans le second acquéraient une valeur uniquement spectaculaire. Rien en tout cas qui puisse être assimilé à ce que notre vocabulaire recouvre en général du terme de « jeux ».

Pourtant, peuple et nobles pouvaient, rassemblés ou séparés, s'adonner à de nombreux divertissements physiques qui, pour beaucoup d'entre eux, trouvent encore les faveurs d'un certain public au XXe siècle.

Le jeu, préparation à la guerre

Puisque tout jeu est d'une certaine manière apprentissage et initiation, nombre d'entre eux sont d'abord préparation à la vie noble et à ce qui en fait l'essence, c'est-à-dire la guerre. Quant à ceux que leur statut social empêche de prendre part aux combats, du moins à leurs aspects valorisants, ils se

divertissent aussi, par un processus plus ou moins complexe d'imitation sociale, aux mêmes jeux d'armes.
Comme le combat féodal est d'abord le corps à corps, c'est ce dernier que l'on reproduit avant tout, à la ville comme à la campagne, dans des jeux désignés comme « jeux du bouclier », « jeux de l'épée » ou « jeux du bâton ». Les lettres de rémission, documents royaux qui remettent leurs peines à des condamnés par arrêté de justice et qui s'offrent comme une immense chronique des faits divers du royaume de France, les évoquent souvent à partir de la seconde moitié du XIVe siècle.
Le vocabulaire employé ne permet toutefois pas bien de distinguer ces différents jeux qui, pour la plupart, utilisent des armes de substitution, rappelant de loin celles que seuls les nobles pouvaient s'offrir (dagues et longs couteaux, souvent mouchetés, bâtons, boucliers faits de bric et de broc). Le déroulement de tels jeux, loin d'être laissé à l'improvisation du moment, est soigneusement réglé. Des maîtres existent qui en enseignent la science aux jeunes gens de par le pays. De nombreux textes font soupçonner tout un rituel qui encadre les combats et leur déroulement, avec la présence d'une autorité arbitrale décidant du sort de la rencontre, en général en fonction d'une aptitude plus grande à faire reculer l'adversaire.

Les jeux de tir, des « jeux utilitaires »

Sûrement plus populaires sont les jeux de tir, à l'arc ou à l'arbalète. Arme des braconniers et des rustauds, arme non chevaleresque par excellence, l'arc révèle sa redoutable efficacité sur les champs de bataille dès la fin du XIIIe siècle. Loin d'être d'un usage simple, l'arc requiert un long apprentissage dans lequel concentration, rectitude posturale et maîtrise de soi l'emportent largement sur la seule force physique. Longtemps avant la Renaissance, les maîtres d'armes médiévaux l'avaient compris et, tout naturellement, pensaient que l'on pouvait apprendre à tirer par le biais du jeu et de la compétition. D'où un développement sans précédent du tir à l'arc dans de nombreux pays européens dès le XIVe siècle.

Certains pays s'y distinguèrent particulièrement, tels l'Angleterre, le comté de Flandre et les cantons suisses où les rencontres de tir à l'arc furent régulières et de plus en plus codifiées dès la fin du XIIIe siècle. D'autres pays, comme le royaume de France, restèrent davantage à la traîne, ce qui explique l'ordonnance du roi Charles V en 1369. Celle-ci vise à interdire la pratique des jeux de dés, de tables, de quilles, de palets, de soule, de billes et « tous les autres jeux qui n'ont point d'utilité pour exercer nos dits sujets au maniement des armes, à la défense de notre royaume ».Au contraire l'ordonnance enjoint la pratique régulière du tir à l'arc et à l'arbalète.

Les résultats de certaines batailles ultérieures de la guerre de Cent Ans font certes douter de l'efficacité de cette ordonnance, du moins sur le plan strictement militaire. Cependant la multiplication des accidents survenant lors de tels exercices et compétitions et rapportés par les lettres de rémission de la fin du XIVe siècle traduit bien une plus large diffusion de ces pratiques de tir. Instrument plus lourd, plus coûteux, d'un maniement plus délicat, moins efficace sûrement que ce que l'on en a dit parfois, surtout pour ce qui est de la précision du tir, l'arbalète se prête moins aux grandes compétitions festives.

Le jeu de l'arbalète n'en est pas moins très répandu, sans doute davantage en milieu urbain qu'en milieu rural. Dans le royaume de France, ce sont surtout les contrées septentrionales (Flandre, Artois, Picardie, Vermandois) qui le pratiquent dès 1340-1350. Sans doute faut-il mettre ceci en rapport avec les ravages de la guerre qui peuvent inciter les habitants à organiser leur propre défense et, par voie de conséquence, à s'entraîner à tirer avec ce qui est une arme meurtrière mais imprécise. Pour le tir à l'arc ou à l'arbalète, on a recours soit à un simple poteau fiché dans le sol soit à une véritable cible placée sur une simple levée de terre ou de paille. Ce sont les buttes qui se sont multipliées en France aux alentours des villes et des villages après 1369 mais qui semblent avoir été à nouveau délaissées vers la fin du siècle. Les renseignements sont trop imprécis pour savoir à quelle distance se tenait le tireur par rapport à la cible, ce qui empêche d'apprécier correctement ce que furent les performances de l'époque. Toutefois, compte tenu des capacités des engins de l'époque, il n'est pas impossible d'imaginer des distances qui pouvaient se situer entre 150 et 250 mètres, suivant l'instrument utilisé. Ainsi, aux XIIIe et XIVe siècles, les jeux sportifs les plus fréquents sont ceux qui imitent le combat ou y préparent. Les jeux ne sont que la guerre « pour rire ». Un document de 1370 évoque un jeu de quilles dans la région de Bapaume et le rédacteur de ce texte éprouve le besoin de préciser que ce jeu est appelé en français, c'est-à-dire en Ile-de-France, le « jeu de billes »! C'est dire à quel point la terminologie de l'époque permet mal de distinguer entre une multitude de jeux de lancer qui semblent bénéficier d'une faveur particulière auprès des catégories populaires de la population.

Jeux de boules et jeux de billes

Comme ils sont l'occasion de nombreux accidents, en général un joueur ou un spectateur atteint par l'objet maladroitement lancé, leur évocation dans ce genre de documents est facile à comprendre. Elle ne suffit malheureusement pas pour suivre avec précision le déroulement de ces divertissements. Pour les boules et les billes, l'engin nécessaire est un morceau de bois grossièrement sphérique, les termes boules et billes n'indiquant pas forcément une différence de taille. Il est lancé à la main, à la volée ou à la glissée. Dans certains cas il peut même être frappé au moyen d'un bâton plus ou moins long.

Le but du jeu, qui oppose toujours plusieurs joueurs, voire deux équipes, peut être de faire atteindre à cette boule de

Jeux de lancer : une mauvaise réputation

Tous les jeux de lancer sont porteurs d'une assez mauvaise réputation. D'abord parce que l'on y joue aux abords immédiats de la taverne, lieu de la débauche et de la délinquance.

C'est sans doute pour cela que l'archevêque de Rouen, Eudes Rigaud, sanctionne en 1266 un prêtre qui s'adonnait, parmi d'autres vices, au jeu de boules. Ensuite, ces jeux sont symboles de violence. Au début du XIVe siècle, dans le *Roman de Fauvel*, ce cheval qui illustre l'hypocrisie et les vices qui mènent le monde, les Fauvaux qui naissent de son union avec Vaine Gloire s'en vont, ravageant et désolant le jardin de France. L'auteur, Gervais du Bus, écrit métaphoriquement que les Fauvaux jouent à la boule en tous ces beaux lieux !

En dépit de cette fâcheuse réputation, ces jeux sont nombreux et font la joie de toutes les catégories de la population, tant il est vrai que le geste de lancer est un des quelques gestes constitutifs de l'acte ludique.

bois un point précis, parfois matérialisé par un bâton fiché dans le sol, ou de lui faire franchir un ou plusieurs obstacles. Des textes de la fin du XIVe siècle parlent explicitement de « boulettes de boys a faire passer par une portelette » ou des « boules a passer par un archelet ». Parfois les deux buts peuvent être combinés. Dans d'autres cas les boules ou billes des joueurs doivent être rapprochées le plus possible d'une autre boule ou d'un point arbitrairement choisi, chaque nouveau lancer pouvant remettre en cause les positions acquises.

Il est facile d'imaginer les discussions sans fin auxquelles pouvaient donner lieu de telles parties, cela d'autant plus que, dans ces jeux plus que dans d'autres, le public s'érigeait volontiers en arbitre. C'est parce qu'il avait été désavoué par le public que, en 1399, un joueur se venge en dispersant toutes les boules d'un coup de pied rageur, rendant ainsi impossible toute vérification. Dans tous ces jeux, il est tentant de voir les lointains ancêtres de jeux encore largement pratiqués par nos parents tels que le mail ou le croquet ou ayant au contraire acquis aujourd'hui une popularité considérable comme la pétanque, le golf accédant même au rang de sport dûment et internationalement reconnu et codifié.

On y joue en général le dimanche, sur n'importe quel terrain et les parties peuvent être très longues, parfois interrompues uniquement par la tombée de la nuit. Il est évident que la qualité du terrain influence largement le déroulement de la partie, cela d'autant plus que le joueur a toujours le choix de la trajectoire. Parfois cependant, les limites du parcours utilisable étaient fixées à l'avance. A la fin du Moyen Âge des endroits apparaissent, à la périphérie des agglomérations, spécialement aménagés et réservés pour

les jeux de boules, ce sont les « bouloires ». Cela permet d'éviter la mésaventure de ces joueurs qui, en 1398, se retrouvent à jouer aux boules sur un fumier !
N'oublions pas que tous ces jeux de lancer existaient un peu partout en France et en Europe, mais ils sont le plus souvent évoqués sous des appellations régionales, ce qui rend parfois difficile leur identification. Ainsi dans les sénéchaussées de Toulouse, de Bigorre et de Comminges, existe une variante du jeu de boules ou de billes désignée comme étant le jeu du tecon. Les quelques rares textes du XIVe siècle qui en font état laissent d'ailleurs davantage soupçonner un jeu proche du croquet de la Belle Époque.

Les jeux de quilles, « sport » de chanoines

Les jeux de quilles ne sont pas attestés avant le XIVe siècle, du moins en ce qui concerne le royaume de France ou le royaume d'Angleterre. La première mention se situe à Évreux en 1317. Ce sont les chanoines du chapitre de cette ville qui parlent d'un jeu de quilles auquel ils ont l'habitude de se livrer à la mi-carême. La simplicité de ce jeu, faire tomber des quilles d'une manière ou d'une autre, militerait pourtant en faveur d'une origine beaucoup plus ancienne.
Par rapport à nos jeux actuels, la différence essentielle réside dans l'objet qui sert à faire tomber les quilles. En effet, ce n'est pas avec une boule de bois que le joueur tente de renverser les quilles, mais avec un bâton lancé de loin et avec force. Ce bâton peut avoir plus de un mètre de long et, pour être efficace, doit être assez épais. Les accidents n'en sont que plus fréquents. Comme il est plus facile de se procurer un bâton que de tourner correctement une boule de bois, ces quilles au bâton connaissent une grande populari-

té, mais celle-ci ne devient nette qu'à la fin du Moyen Âge, moment auquel on peut déceler l'apparition d'aménagements spéciaux pour la pratique de ce jeu.

Deux jeux méritent, compte tenu de leur postérité, une place à part au cours de cette promenade au pays des divertissements sportifs médiévaux : d'une part le jeu de paume, ancêtre reconnu du tennis ; d'autre part la soule parmi les descendants de laquelle figurent le football, le rugby, le hockey sur gazon et même le polo.

L'éteuf, prenant jusqu'à la mort

Les XIIIe et XIVe siècles ne sont pas encore les grands siècles du jeu de paume qui ne voit son essor très marqué qu'à la fin du Moyen Âge. Né dans le cloître, sans doute comme un des divertissements accordés à titre annuel et exceptionnel aux jeunes novices ou aux enfants de chœur, le jeu de paume consiste à s'échanger une balle appelée « éteuf ». La particularité est de pouvoir utiliser les rebonds que fait la « balle » sur le mur du sanctuaire ou sur le toit de la galerie du cloître. Au XIIIe siècle, ce jeu de paume est sorti du cloître et il commence son ascension vers la notoriété. En 1292, on connaît l'existence de treize artisans parisiens qui gagnent leur vie en fabriquant des éteufs. C'est dire la faveur dont il bénéficie dans tous les milieux. Ce n'est cependant que dans la seconde moitié du XIVe siècle que l'on commence à lui réserver des endroits spécialement aménagés qui, tant par leurs dimensions que par leur architecture, laquelle n'est pas sans rappeler le cloître, trahissent un jeu en voie de codification. Les règles précises en restent toutefois encore inconnues à cette date.

Le jeu cependant, pratiqué pour le moment à mains nues

La soule ou les règlements de comptes
La soule oppose deux équipes qui, même si des chiffres précis ne peuvent être fournis, peuvent regrouper plusieurs dizaines de joueurs. Les deux équipes se disputent la possession d'une sorte de ballon appelé « éteuf ». Toutefois, dans ce cas, la ressemblance avec une balle est plus que relative. C'est une bille de bois ou une boule de cuir remplie d'étoupe ou de divers matériaux tassés, le tout constituant un objet assez lourd. Il s'agit pour un joueur de s'en emparer et de la porter, à travers prés et champs, parfois en traversant des ruisseaux ou en escaladant un mur, vers un endroit convenu, soit du côté de l'équipe adverse soit dans son propre camp. Ce jeu est à la fois collectif, car on peut s'entraider à l'intérieur d'une équipe, et individuel, car il n'y a qu'un seul vainqueur du jeu. Pour s'emparer, et surtout pour conserver l'« éteuf », tous les coups sont permis. C'est dire qu'à la fin de la partie le terrain de jeu peut davantage ressembler à un champ de bataille qu'à autre chose. C'est à l'occasion de la soule que se règlent les vieilles querelles et rivalités de circonstance. Le tout en parfaite impunité.

ou éventuellement gantées, exige un engagement physique complet et sans doute une très grande rapidité dans l'appréciation des trajectoires de la « balle » de manière à pouvoir la renvoyer habilement. C'est sans doute pour y avoir joué sans retenue que le roi Louis X, un jour de 1316, passa de vie à trépas.

La soule, rite d'unanimité ou bataille rangée ?

La grande particularité du jeu de la soule est de s'insérer dans le calendrier traditionnel des campagnes. Attesté dès la fin du XIIe siècle, ce jeu prend place le plus souvent au début du carême, donnée qui lui confère à l'évidence une signification rituelle et le place à part parmi les autres jeux. Mille et une explications ont été avancées pour ce divertissement rituel. Célébration de la fin de l'hiver au cours de laquelle les joueurs se disputent le soleil et ses vertus régénératrices symbolisé par l'éteuf ? Rite de fertilité et de fécondité accompli sur des terres encore vierges de toute récolte ? Rite de passage, surtout lorsque ce jeu oppose les jeunes mariés aux célibataires, comme c'est souvent le cas plus tard au XVe siècle ? Simple contrainte seigneuriale qui rappelle les anciens droits du seigneur sur le mariage de ses sujets, les nouveaux mariés ayant l'obligation de fournir l'éteuf ? Rite d'unanimité par lequel la communauté villageoise réaffirme son unité et sa solidarité face à la communauté villageoise voisine ? Il y a sans doute un peu de tout cela.

Bien que difficiles à saisir, les jeux sportifs des XIIIe et XIVe siècles sont nombreux et n'ont pas tous été nommés. Peut-on à leur propos parler de sport ? Il est évident qu'il ne s'agit pas de sport comme on l'entend aujourd'hui et l'expression « sports médiévaux » est un abus de langage. Rien n'empêche cependant d'y voir une mise en scène régulière des capacités et habiletés physiques qui hiérarchisent et organisent les groupes sociaux. Christine de Pisan y voyait en tout cas un moyen pour éviter que le corps ne s'avachisse et pour détendre l'esprit, car par eux « operacion d'estude est mieux nourrie ».

Les Plaisirs

17. Les Français lancent la mode dans les cours européennes

par Diane Owen-Hughes

Dès 636, Isidore de Séville décrit le costume comme la valeur sûre à laquelle on reconnaît peuples et nations, comme le signe distinctif des groupes. Mais la mode telle que nous l'entendons, celle dont on parle dans les cours, naît aux XIe et XIIe siècles, au moment où économie et grandes principautés prennent un essor commun. De France vient la mode, et au XVe siècle son style s'est imposé partout en Europe.

Charlemagne, bien qu'il se soit parfois considéré comme l'héritier de Rome, resta toujours attaché au costume franc, ce dont le loue son biographe Eginhard qui affirme que l'empereur ne revêtit qu'à deux reprises des vêtements étrangers, car il dédaignait les costumes des autres nations, même les plus beaux, et, quelles que fussent les circonstances, se refusait à les mettre. Il ne fit d'exception qu'à Rome où, une première fois à la demande du pape Adrien et une seconde fois sur les instances de son successeur Léon, il revêtit la longue tunique et la chlamyde et chaussa des souliers à la mode romaine. Il ne le fit, en d'autres termes, que lorsque le pape le persuada de jouer le rôle d'empereur romain, inextricablement attaché pour lui au costume impérial de l'Antiquité tardive.
Autrement, assure Eginhard à ses lecteurs, Charlemagne « portait le costume national des Francs ». Pour se distinguer

dans les occasions où l'État l'exigeait, il portait « un vêtement tissé d'or, des chaussures décorées de pierreries, une fibule d'or (...), un diadème du même métal et orné lui aussi de pierreries », mais « les autres jours, son costume différait peu de celui des hommes du peuple ou du commun »[8]. Et même lorsqu'il cherchait à se distinguer, il le faisait par la richesse de son vêtement plutôt qu'en changeant de style.

Dès le Haut Moyen Âge, des changements de style

Les styles changeaient pourtant, même dans le Haut Moyen Âge. Paul Diacre fut frappé par la différence entre les vêtements portés par les Lombards de l'époque héroïque représentés sur les fresques du palais de Monza et ceux de son temps ; et Notker le Bègue, le Moine de Saint-Gall, qui composa une vie prolixe de Charlemagne à la fin du IXe siècle, alors que l'empire carolingien se désintégrait, se sentit obligé de faire pour les lecteurs contemporains une histoire « du costume et de l'équipement des Anciens Francs ». Relatant comment ceux-ci tombèrent sous le charme des manteaux courts et rayés de leurs ennemis gaulois qui contrastaient avec leurs longs manteaux unis, le Moine de Saint-Gall laisse aussi entendre que le changement qui résulta de ces emprunts compromettait la confiance d'Isidore de Séville dans la clarté signalétique du costume.

L'adoption de ces vêtements mit toutefois Charlemagne mal à l'aise. Bien qu'il ait quelque temps autorisé ses Francs à « imiter leurs ennemis » parce qu'il se rendait compte que les manteaux courts étaient plus pratiques sur les champs de bataille, il finit par les bannir : « A quoi servent ces bouts

8 Eginhard, *Vie de Charlemagne*, éd. et trad. Louis Halphen (Honoré Champion, 1994).

de chiffons ? (...) Je ne peux pas m'en couvrir au lit. Quand je suis à cheval, je ne peux pas me protéger du vent et de la pluie. Lorsque je satisfais mes besoins naturels, je prends froid parce que j'ai les jambes gelées.»

L'invention de la mode, un « métissage créatif »

Si le costume du Haut Moyen Âge n'était donc ni immuable dans le temps ni insensible à la nouveauté, il n'en était pas moins fermement fixé dans un système de signification directe qui était porteur d'un sens social et qui permettait d'établir une identité ethnique et régionale. Cela changea au XIe et au XIIe siècles lorsque les intrusions de la mode déstabilisèrent les frontières régionales et brouillèrent les codes vestimentaires. Selon le moraliste et nouvelliste Franco Sacchetti, toute la chrétienté portait à la fin du Moyen Âge le même style, ce qui rendait difficile de distinguer les nobles des gens du commun, les dignitaires des gens sans dignité, voire les hommes des femmes.

C'est d'abord dans les cours naissantes de l'Europe qu'on prit note des inventions de la mode. Le chroniqueur Raoul Glaber rapporte que la cour capétienne de Paris fut transformée, peu après l'an 1000, par l'invasion d'un style venu d'Aquitaine et d'Auvergne ; quelques décennies plus tard, la cour impériale germanique subit l'assaut de styles neufs provenant du midi de la France. En Anjou, la cour du comte Foulques devint un centre de mode où les courtisans arboraient à travers le château de longues chaussures pointues et des vêtements ajustés à longues manches flottantes – une mode qui traversa rapidement la Manche pour être reprise à la cour normande de Guillaume le Roux. Ainsi que le suggère ce scénario, la mode, sortie, comme les romans, des cours françaises, fut adoptée dans toute l'Europe. Les poètes germaniques, par exemple, qui s'inspiraient dans leurs compositions des thèmes de la littérature française, avaient également soin de vêtir leur héros et leurs héroïnes d'habits « coupés à la manière française ». L'histoire de la mode médiévale n'est pourtant pas celle d'un centre dominant et dominateur, mais plutôt celle d'un métissage créatif qui faisait potentiellement de chacun de ses adeptes une *mappamundi* vestimentaire.

Les épouses, coupables de la « confusion » vestimentaire

Bien que le costume masculin ait été le premier à succomber à la mode, les femmes sont décrites comme d'importants agents de changement. Les modes du Midi décriées par Raoul Glaber arrivèrent à Paris dans le sillage de Constance d'Arles, la nouvelle épouse de Robert le Pieux ; celles de la cour impériale lors du mariage d'Henri III et d'Agnès de Poitiers.

Le large usage diplomatique qui était fait du mariage à cette époque transforma maintes épouses nobles en vitrines de mode à la cour de leurs maris. Galeazzo Maria Sforza, duc de Milan, paya un artiste pour qu'il consigne sur les murs de son palais les principaux événements de son mariage avec Bonne de Savoie en 1468 : depuis la cérémonie par procuration qui eut lieu à la cour française jusqu'à sa remise entre les mains de son nouvel époux à Milan. Un des temps forts de cette fresque devait être le changement de costume de Bonne, juste après la cérémonie de mariage qui eut lieu devant le Duomo, lorsqu'elle abandonna celui de France pour celui des Lombards, témoignent par là de sa soumission à son nouvel époux et de la grandeur de la cour des Sforza.

Mais l'attrait de la mode obscurcit en réalité cette clarté vestimentaire, car les styles introduits par les nouvelles épouses séduisaient la cour, alimentant les critiques de ceux qui lui reprochaient d'être un lieu dissolu, c'est-à-dire, pour eux, un lieu de changement et d'invention des styles. La personnalité profondément scindée de l'épouse venue de l'extérieur, dont le mariage ne pouvait jamais entièrement recouvrir l'identité première, semblait comme un emblème de la mode, qui admettait et même encourageait le « bricolage » social et l'expression de l'individualité. Quand la guilde des merciers de Londres accepte en 1479 un boutiquier dans ses rangs à la seule condition « qu'il ait une tenue convenable, tant dans son vêtement que dans sa coupe de cheveux », elle ne cherche pas seulement à mettre au pas le nouveau riche mais à aligner le costume et l'identité sociale. La kyrielle de lois somptuaires qui furent décrétées en Europe allaient dans le même sens en essayant d'empêcher que les tenues empruntées au sexe opposé, les styles étrangers et le décolleté ne détruisent la fonction emblématique et socialement déterminante du vêtement. Dans les villes italiennes, toujours au diapason des changements de mode, les législateurs n'ont pas de meilleur mot que celui de « confusion » pour décrire les dépravations provoquées par la mode.

Tissus et coupes, ou « l'histoire sociale des choses »

Les modes étaient d'ailleurs elles-mêmes un miroir de cette confusion, car elles traitaient les tissus qui servaient à leur confection avec le même mépris que la mode traitait le tissu social. Des fins lainages des Flandres aux soies d'Italie, le textile avait tissé le miracle économique de l'Europe médiévale. Mais si les raffinements de l'industrie textile promurent la mode en même temps qu'ils furent dictés par elle, ils s'y opposaient également. La hiérarchie des tissus était en effet déterminée par l'habileté et la dépense qu'exigeait leur production.

Mais la mode exposait aussi le tissu aux ciseaux du tailleur. Artisans de piètre réputation au Moyen Âge, les tailleurs s'élevèrent progressivement dans la société et laissèrent leur marque sur la culture de la Renaissance. Tout leur art consistait à dénaturer les textiles qui avaient apporté tant de richesses à l'Europe et tant de pouvoir économique et politique à leurs fabricants. S'en prenant aux modes germaniques de son temps, le grand prédicateur franciscain Berthold von Regensburg attire l'attention sur cet aspect de l'art des tailleurs : « Ce n'est pas assez que Dieu tout-puissant vous ait donné le choix des tissus qui peuvent être, à votre gré, bruns, rouges ou bleus, blancs, verts, jaunes ou noirs. Cela ne vous suffit pas. Votre grande vanité vous pousse en outre à tailler le tissu en plusieurs pièces et à insérer tantôt un morceau rouge dans un blanc, tantôt un jaune dans un vert, à mettre ici une pièce plissée, là une autre lisse, ici une pièce bariolée, là une autre de deux tons de brun, ici un lion, là un aigle. » Sur le plan social, cela ravalait visuellement les nobles et les honnêtes citoyens au rang des ménestrels dont les loques passaient pour le reflet de leur identité éclatée. La mode nous invite cependant à détacher le costume de sa signification sociale emblématique et à lire à travers les transformations opérées par le tailleur, non pas la vie sociale des gens, mais plutôt ce qu'Arjun Appadurai a appelé « la vie sociale des choses », par quoi il entend que les produits portent en eux des histoires qui

sont souvent en dissonance avec l'histoire des hommes.
Pour reconstruire l'histoire de la mode dans cette perspective, il faudrait considérer la rivalité entre l'attrait des lainages et des soieries produites par les grandes guildes d'Europe et, d'autre part, la séduction des vêtements qui soulignent le corps grâce à des goussets et des plis, des coutures et des boutons – toutes choses produites par de plus petites guildes. Il faudrait aussi pousser plus loin l'étude que l'historien Fernand Braudel a menée sur la gamme des institutions qui ont suscité de nouvelles technologies d'échange, afin d'explorer comment un ensemble croissant de petits métiers – de la broderie et de la dentellerie au métier de tailleur – ont trouvé dans la mode un moyen d'étendre le processus de transformation des biens en marchandises, privant ainsi de plus en plus le costume de sa signification sociale. Nous pourrions enfin considérer ce que l'invention de la mode a coûté à une société qui conférait souvent un statut sacré ou du moins demi-sacré aux étoffes, comme c'était le cas du palio offert au nom de la Vierge aux vainqueurs des courses communales ; du vaste manteau sans mode sous lequel la Vierge de Miséricorde abritait les chrétiens dans d'innombrables peintures votives ; du tissu placé sur l'autel du sacrifice chrétien ; du linge de Véronique qui avait absorbé et manifestait littéralement l'essence du Christ.
Dans l'Europe médiévale comme dans de nombreuses sociétés précapitalistes, le tissu était aussi un article prééminent d'échange. Lien visible entre un prince et les courtisans à qui il l'offrait, la pièce de tissu entrait aussi, pour un plus large public, dans la dot qui liait les épouses à la maison natale où elle avait été tissée. Ces pièces de tissus ne donnaient pas seulement une identité sociale mais possé-

daient une identité intrinsèque que les ciseaux de la mode menaçaient à présent de détruire.

Les Tongans de Polynésie occidentale disent que « l'humanité est comme une natte que l'on tisse ». La mode brisait les vieilles continuités historiques en dissolvant les différences régionales et en attirant l'attention sur le changement dans le temps. Au XVe siècle, une image populaire différencie l'Europe des autres continents connus, qui sont vêtus chacun de leur costume emblématique – des turbans pour l'Afrique et pour l'Asie, des plumes pour l'Amérique – alors que l'Europe est représentée nue, une pièce de tissu sous un bras et une paire de ciseaux dans la main. Preuve, s'il en était besoin, que la mode et son cortège de tailleurs avaient réussi à remodeler la façon dont les Européens construisaient leur identité.

Traduction Béatrice Bonne.

18. Vêtements rayés, hommes mauvais

par Michel Pastoureau

Comme la chevelure rousse, le costume rayé constitue l'habit ordinaire du traître des Écritures ? Lépreux, félons, infirmes, Bohémiens, nains, hérétiques, tous sont tenus de porter ce vêtement distinctif.

Nombreux sont depuis la fin de l'époque carolingienne les témoignages qui soulignent le caractère péjoratif ou dévalorisant des rayures. Ce sont d'abord les décrets, maintes fois répétés, émanant des autorités ecclésiastiques (synodes diocésains, assemblées provinciales, conciles) qui défendent aux clercs de porter des vêtements rayés. En 1311 encore, le concile général de Vienne, qui légifère beaucoup en matière vestimentaire, rappelle avec insistance cette interdiction.

Ce sont ensuite des coutumes, des lois, des règlements qui dans la société laïque prescrivent à certaines catégories de réprouvés ou d'exclus le port de vêtements rayés. Dans le droit coutumier germanique du haut Moyen Âge, et encore dans le célèbre *Sachsenspiegel* (recueil de lois saxonnes compilé entre 1220 et 1235), de tels vêtements sont imposés ou réservés aux bâtards, aux serfs et aux condamnés. De même, dans les lois somptuaires et les décrets vestimentaires, lois et décrets qui prolifèrent à la fin du Moyen Âge en Allemagne, en Espagne et en Italie, ce sont tantôt les prostituées, tantôt les jongleurs et les bouffons, tantôt les bourreaux à qui il est prescrit de porter soit un habit entièrement rayé, soit, plus fréquemment, une pièce de vêtement rayée : écharpes,

robes ou aiguillettes pour les prostituées ; chausses ou chaperons pour les bourreaux ; pourpoints, chausses ou bonnets pour les bouffons.
Partout il s'agit d'imposer un signe visuel marquant un écart, afin que ceux qui exercent de tels métiers ne soient pas confondus avec les honnêtes citoyens. Ailleurs, notamment aux Pays-Bas, de telles prescriptions concernent plutôt les lépreux, les infirmes, les cagots ou les « bohémiens », parfois les hérétiques.

Enfin, une troisième catégorie de témoignages est fournie par les textes littéraires, qui dotent assez souvent d'emblèmes ou de vêtements rayés des personnages présentés comme mauvais ou négatifs. Le procédé est déjà attesté dans la littérature latine de l'époque carolingienne, mais il se développe surtout aux XIIe et XIIIe siècles dans les textes en langue vulgaire, chansons de geste et romans de chevalerie notamment. Chevaliers félons, sénéchaux usurpateurs, femmes adultères, fils rebelles, frères parjures, nains cruels, serviteurs cupides, tous peuvent être dotés par les auteurs de rayures vestimentaires ou héraldiques. Ils en portent sur leur bliaud, leur robe, leurs chausses, mais aussi sur leur bannière, dans leurs armoiries, etc.
Dès avant l'an mil, l'image avait pris l'habitude de réserver un statut péjoratif à la rayure du vêtement. Les premiers personnages qui en furent pourvus étaient des figures bibliques : Caïn, Dalila, Saül, Salomé, Judas. Comme la chevelure rousse (tous ces personnages passent pour roux), l'habit rayé constitue l'habit ordinaire du traître des Écritures. A partir du XIIIe siècle, la liste des personnages « mauvais » ainsi vêtus de rayures s'allonge considérablement.

Pourquoi un tel discrédit de la rayure dans les images et la société médiévales ? S'agit-il d'un problème fortement culturel, le Moyen Âge chrétien ayant cru lire dans la Bible une condamnation des vêtements rayés ? S'agit-il, au contraire, d'un problème purement visuel ? L'homme du Moyen Âge, en effet, paraît éprouver une aversion pour toutes les structures de surface qui, parce qu'elles ne distinguent pas clairement la figure et le fond, troublent la vue du spectateur. C'est le cas des surfaces rayées, pour lesquelles il est impossible de dire quelle est la couleur du fond.

La question demeure posée. Elle est loin d'être anecdotique puisque perdureront jusqu'à nos jours, cette mauvaise réputation et cette dévalorisation des vêtements rayés (prisonniers, bagnards, *mafiosi*, domestiques). Toutefois, à l'époque romantique, à côté de la mauvaise rayure, se mettra en place une bonne rayure, celle des marins et du bord de la mer, celle des loisirs, une rayure élégante, une rayure hygiénique, signe de plaisir et de liberté. Sans que la mauvaise rayure ait totalement disparu, c'est surtout cette bonne rayure qui nous habille encore aujourd'hui.

19. Au banquet du Faisan, 48 mets sont servis

par Mireille Vincent-Cassy

Le banquet médiéval est un repas d'exception : les plats, nombreux et variés, sont en fait prétexte à des spectacles (les entremets), dont la mise en scène se veut un manifeste à la gloire d'un prince ou d'une cause. Le banquet du Faisan, organisé en 1454 par Philippe le Bon, duc de Bourgogne, fut de loin la plus exceptionnelle de ces cérémonies.

Le premier banquet à entremets[9] connu est celui qu'offrit Saint Louis, à Compiègne, à l'occasion du mariage de son frère Robert d'Artois en 1237. On y vit un homme à cheval manœuvrer en l'air sur une corde et deux autres personnages montés sur des bœufs recouverts d'écarlate qui sonnaient du cor à l'arrivée de chaque plat.

Le banquet que le roi Charles V offrit à l'empereur d'Allemagne à Paris en 1378, eut des entremets figurant la conquête de Jérusalem par Godefroi de Bouillon avec un décor qui montrait les murailles de la Ville sainte et la participation de vrais chevaux caparaçonnés qui se frayèrent un passage entre les tables des convives. Celui qui fut offert par Charles VI en 1389 pour l'entrée d'Isabeau de Bavière dans

9 Le mot entremets sert à désigner la partie spectacle du dîner, – entre les mets –. Il peut s'agir de préparations cuisinées à regarder plus qu'à manger comme ces tourtes crénelées semblables à des châteaux d'où s'échappent des oisillons quand on enlève le couvercle ; il peut s'agir de tableaux figuratifs décorant la salle du banquet et qui font souvent intervenir des artifices mécaniques ; il peut s'agir enfin de petits sketches que des acteurs déclament devant les convives.

la capitale, eut lieu, lui aussi, dans la grande salle du Palais royal de la Cité, celle du Parlement qui dut donc chômer ce jour-là. Les entremets y représentèrent le siège de Troie par les Grecs.

Le banquet du Faisan

Deux chroniqueurs, Olivier de la Marche et Mathieu d'Escouchy, nous ont décrit les entremets féeriques qui se succédèrent lors du banquet du Faisan offert en février 1454 par le duc de Bourgogne Philippe le Bon (1396-1467) dans son palais de Lille. Ce festin s'insère dans une série de plusieurs banquets dont le but était de ranimer l'idée de croisade. Constantinople était en effet tombée sous le joug des Turcs en mai 1453.

L'organisateur du premier banquet passa le relais au suivant en lui remettant un chapelet (couronne) de fleurs et ainsi de suite. C'est à l'occasion d'un tel passage que le duc de Clèves annonça fin janvier la tenue du banquet ducal à Lille pour le 17 février.

Par une mise en scène qui était un vrai manifeste programmatique, le banquet devait non seulement solliciter les sens du goût et du toucher par l'abondance des nourritures et des vins, mais il devait enchanter la vue et l'ouïe des convives et atteindre au bout du compte leur entendement puisque le duc espérait ainsi entraîner l'ensemble de la noblesse à le suivre en Orient.

L'espace du banquet, ou l'émerveillement des yeux

Trois grandes tables mobiles avaient été dressées sur leurs tréteaux dans la grande salle du palais ducal de Lille. Les murs étaient décorés de tentures représentant les travaux d'Hercule alors qu'un dressoir faisait scintiller aux yeux de tous la vaisselle la plus précieuse. Les tables étaient recouvertes de nappes de satin ouvré qui pendaient jusqu'à terre. Les bancs – qui ont donné le mot banquet – étaient couverts de housses et de coussins luxueux aux couleurs chatoyantes. Le siège du duc, décoré d'étoffes de soie et de velours or et noir, était abrité par un dais des mêmes couleurs, rehaussé de broderies à ses armes et à sa devise. Chaque table montrait une décoration féerique.

Sur la table du duc, de taille moyenne mais surélevée par une estrade, il y avait quatre entremets différents.
– Une église avec ses vitraux, sa cloche et ses orgues, à l'intérieur de laquelle se trouvaient quatre enfants prêts à jouer et chanter.
– La statuette d'un petit enfant nu qui du haut d'une roche « pissait eau de rose continuellement. «
– Un grand navire muni de tout son gréement et monté par de nombreux matelots.
– Une prairie émaillée de fleurs avec des rochers de saphir au centre de laquelle surgissait une fontaine de plomb et de verre dont l'eau s'écoulait par une croix que tenait un petit saint André. Cette fontaine due aux talents de deux orfèvres fit l'admiration d'Olivier de la Marche.

Sur la grande table se trouvaient neuf entremets :
– Un énorme pâté farci de vingt-huit personnages, vrais musiciens en chair et en os.
– Le château de Lusignan avec Mélusine, sous forme d'un serpent, juchée en haut de la tour principale. Les douves étaient remplies de jus d'orange.

– Un moulin à vent entouré d'archers qui tiraient des pies.
– Un vignoble au centre duquel deux tonneaux représentant le bien et le mal étaient placés de part et d'autre d'un

La littérature culinaire

On connaît très peu de menus de banquets médiévaux, les chroniqueurs ne signalent en général que l'abondance des mets. Au détail près on peut cependant savoir ce qui a été offert lors du banquet du Faisan, car on dispose de menus types et d'une dizaine de livres de cuisine destinés aux tables royales et princières. Ces livres surgirent dix siècles après le dernier recueil de recettes de la cuisine antique ; celui d'Apicius du IVe siècle. Le plus connu de ces ouvrages, le *Viandier*, attribué dès son époque à Taillevent maître-queux du roi de France Charles V (1337-1380), fut enrichi de nouvelles recettes tout au long du XVe siècle. On possède aussi des livres destinés aux cuisiniers des cours royales anglaise, aragonaise, allemande, angevine, pontificale ou encore celle des ducs de Savoie. Celui de maître Martino, écrit pour le patriarche d'Aquilée en 1420, fut en partie repris par Platine, bibliothécaire du pape dans son célèbre *Honesta voluptate* en 1469.

Ces ouvrages ne donnent que des formules lapidaires envisageant surtout les sauces et les assaisonnements, les effets coloristes et les compositions mi-culinaires, mi-architecturales qui font la touche de ces grands cuisiniers. Il n'y est jamais question de temps de cuisson, de proportions ni même de tous les ingrédients.

C'est une cuisine où la vue joue un rôle fondamental. Le livre de cuisine d'un magistrat parisien anonyme que l'on appelle *Le Mesnagier de Paris* (1393) est le seul ouvrage de cuisine qui ne soit pas destiné à des repas d'aristocrates même s'il s'inspire de leur façon de manger. Grâce à tous ces ouvrages nous savons ce qui était consommé dans les banquets d'autant que la cuisine des puissants était internationale.

riche personnage qui invitait les assistants à choisir entre la liqueur douce ou le breuvage amer.
– Un désert au centre duquel combattaient un tigre et un serpent.
– Un sauvage monté sur un chameau « merveilleusement figuré ».
– Un chasseur battant des buissons avec un bâton pour qu'en sortent des petits oiseaux qu'une dame et son chevalier dégustaient au fur et à mesure qu'ils passaient devant eux. C'était l'illustration du proverbe « battre les buissons pour autrui ».
– Des montagnes chargées de glace et de grésil avec au centre un fou monté sur un ours.
– Un lac, bordé de villes et de châteaux, parcouru par un bateau à voile miniature.

La troisième table, plus petite ne présentait que trois décors.
– Une forêt « d'Inde » remplie de bêtes étranges et animées par des automates.
– Un colporteur à la hotte bien garnie traversant un village.
– Un lion attaché à un arbre et qui regardait un homme frapper un chien devant lui. Ce tableau représentait le duc de Bourgogne, le sultan Mahommet et la ville de Constantinople. Les spectateurs y voyaient l'illustration du proverbe « Battre le chien devant le lion » qui signifiait châtier un faible en présence d'un puissant complice de la même faute.

Ce n'était pas tout : à l'extrémité de la salle se dressaient deux colonnes. Sur l'une on voyait une femme nue recouverte de ses seuls longs cheveux. De son sein droit coulait de l'hypocras, un vin réputé. Elle représentait Constantinople prise par les Turcs. A ses côtés, enchaîné à l'autre colonne, un lion vivant symbolisait le duc de Bourgogne.

Les entremets, ou l'enchantement de tous les sens

Avant de se mettre à table, les convives parcoururent la salle afin d'admirer ces machines étonnantes puis ils se placèrent autour des tables suivant une étiquette très rigoureuse. Le duc et la duchesse présidaient la table moyenne, surélevée, avec de nombreux chevaliers, dames et demoiselles, le comte de Charolais, fils de Philippe le Bon, présidait avec son frère bâtard la grande table où se trouvait aussi le chroniqueur Olivier de la Marche. La petite table était occupée par des écuyers et demoiselles de moindre renom.

Quand tout le monde eut pris place, la cloche de l'église sonna : trois enfants commencèrent alors une douce chan-

A chaque service des rôtis...

Il y a des menus de banquet comme celui du couronnement d'Henri IV à Westminster en 1399 où chaque service comporte des rôtis. Ainsi le premier service offrait blancs de chapon en poivrade, viande royale, tête de sanglier reconstituée, pièce de viande rôtie, cygne, chapon, faisan, héron, tartes lombardes, esturgeons et gros brochets avant l'entremets spectacle. Le second service comportait venaison en fromentée, gelée, porcelet farci, paon, grue, venaison rôtie, lapin, butor, poule dorée, grandes tartes, blancs de chapons frits, tranches lombardes et un entremets surprise. Le troisième et dernier service présenta sur la table des coings confits, une multitude d'oiseaux comme aigrettes, perdrix, pigeons, cailles, bécasses, petits oiseaux, lapereaux, oranges, blancs de volailles en tranches, œufs en gelée, friture, douceurs, petits pâtés, pots de lys avant l'entremets final.

son, en guise de bénédicité, à laquelle répondit, par un air de musette, un berger sortant du pâté de la grande table.
Ensuite commencèrent les « entremets mouvants » c'est-à-dire les sketches, pour rompre le monotone défilé des plats et des vins. Un cheval dressé, couvert de soie vermeille, fit à reculons le tour de la salle. Il était monté par deux trompettistes aux yeux masqués, placés dos à dos. Un cortège de chevaliers, vêtus de la livrée noire du duc, suivait. Ensuite se déroula un intermède musical entre l'orgue de l'église de la première table et une corne située dans le grand pâté de la seconde table. Puis s'avança un énorme sanglier automate portant une sorte de monstre mi-homme mi-griffon. Le monstre avait lui-même sur les épaules un monstre-acrobate qui gardait la tête en bas.
C'est alors que des clairons, qui étaient cachés derrière le rideau vert d'une estrade construite au bout de la salle, commencèrent à sonner. Une pantomime en trois actes raconta alors la vie de Jason, patron de la Toison d'or, ordre de chevalerie du duc de Bourgogne.
Si les liens entre Jason et la croisade sont difficiles à saisir, les spectateurs purent y voir un Jason vêtu comme un homme d'arme de leur temps qui s'agenouillait, implorait le ciel d'une façon très chrétienne, accomplissait des exploits extraordinaires dont il sortait toujours vainqueur. Ainsi, grâce à une potion magique, il maîtrisait des bœufs terribles, grâce à un anneau, il arrachait les dents d'un serpent, puis dans le dernier acte il labourait et semait un champ avec ces dents dont naissaient des chevaliers haineux que Jason réussissait encore à vaincre.
Trois intermèdes un peu fabuleux suivirent cette représentation scénique. Un grand cerf mécanique, blanc aux cornes

dorées, habillé de soie vermeille, chantait en choeur avec un garçonnet qu'il portait sur son dos. Ils firent le tour de la salle et provoquèrent la plus grande admiration des convives. Ensuite, par on ne sait quelle machinerie, un dragon de feu traversa la salle à la hâte avant le spectacle étonnant d'une vraie scène de chasse au vol où un héron fut abattu par deux faucons et offert au duc.

Le voeu du Faisan, ou la conquête des cœurs

Ce n'était là que des « entremets mondains » offerts aux convives pour les préparer à la grande représentation symbolique, vrai but de la fête. Un géant, habillé suivant la mode des Sarrasins de Grenade, apparut alors à l'entrée de la salle. Sa main gauche était armée d'une hache à deux tranchants, de la droite il conduisait un éléphant sur lequel était juchée une sorte de religieuse endeuillée enfermée dans une petite cage. Cette dame figurait l'Église persécutée par les Turcs, et elle venait implorer le secours des chevaliers chrétiens. Dès qu'elle aperçut la noble compagnie elle arrêta sa monture et lança une douloureuse complainte en vers alors que douze dames, représentant chacune une vertu, s'associaient à sa plainte.

Quand leurs voix se turent, le gardien de la Toison d'or apporta en grande pompe et cérémonie un faisan vivant qui avait au cou un riche collier garni de pierreries. C'était une très ancienne coutume, attribuée à Alexandre le Grand, de prononcer des vœux sur de nobles oiseaux. Habituellement le paon, à la chair réputée imputrescible, avait la faveur de la noblesse occidentale. Ici, Philippe le Bon préféra le faisan originaire d'Orient, mieux adapté à un vœu de croisade. Sur ce faisan, le duc promit solennellement à Dieu, à la

Vierge et aux dames présentes que si le roi de France allait combattre les Turcs il l'accompagnerait avec joie et combattrait au besoin le sultan corps à corps. Cet enthousiasme fut contagieux et tous les princes et chevaliers présents firent assaut de vœux, entraînant à leur tour d'autres nobles à prononcer le même serment. On a conservé plus de deux cents de ces vœux. Le duc avait su convaincre même si la croisade n'eut jamais lieu.

La structure immuable du banquet

Dans le banquet du Faisan, le boire et le manger n'ont pas retenu l'attention des chroniqueurs. L'originalité de ce festin ne réside pas dans la nourriture mais dans la publicité qu'il fit à la cause de la chrétienté. On nous dit seulement qu'il y eut 48 mets et que ceux de rôt furent apportés sur des chariots couverts de tissus bleu et or. Si le banquet du Faisan comportait 48 mets, on peut imaginer que ceux-ci se répartissaient en 5 services ou assiettes de 9 ou 10 plats différents. Alors que depuis le XIXe siècle les mets sont servis successivement, au Moyen Âge les plats de chaque service étaient posés en même temps sur la table. Une fois ces premiers plats terminés, on débarrassait puis on apportait un nouveau service de plusieurs mets. Chaque convive ne goûtait pas tous les plats car il n'avait physiquement accès qu'à ceux qui étaient proches de lui. Cela dépendait de l'endroit où il était assis. Les invités étaient en général placés d'un seul côté de la table pour faciliter le service, les meilleurs plats étaient posés à proximité de la place d'honneur, au centre en général, alors que ceux qui étaient en bout de table ne pouvaient atteindre de leur main qu'un seul plat.
La structure du banquet médiéval est toujours la même. Le

premier service ou « service d'entrée » est une sorte d'apéritif où l'on offre du vin de grenache avec des gâteaux, des fruits cuits ou crus : pommes, figues, cerises, prunes, mûres ou raisins selon la saison, mais aussi des pâtés de veau ou d'oisillons. Les fruits offerts en entrée, très appréciés, correspondent aux prescriptions médicales du temps.

Avec le second service commencent à se succéder la trilogie habituelle des repas médiévaux qui comportent toujours plats en sauce ou potages, viandes, poissons ou volatiles rôtis puis entremets qui peuvent être de simples bouillies de céréales ou de riz « englué », des gelées multicolores avec décor peint à la poudre d'or ou des constructions architecturales plus ou moins comestibles. Lors du banquet du Faisan il y eut un service entier avec des rôts apportés sur un chariot. On peut imaginer qu'il y avait du veau, de l'agneau ou du chevreau entier ou reconstitué à partir d'une farce, toutes sortes de venaisons mais aussi des oies, poules ou porcelets farcis et dorés au jaune d'œuf, de menus oiseaux ou tourterelles, des cigognes, paon, butor, cygnes ou cormorans. Rôtis à la broche ces derniers oiseaux réputés nobles avaient été au préalable dépouillés de leur peau. Pour cela on soufflait de l'air avec un chalumeau au niveau des épaules afin que la peau se détache de la chair puis on l'incisait au niveau du ventre pour l'enlever. On laissait les plumes du cou et de la tête et on les protégeait du feu, ainsi que les pattes pendant la cuisson à la broche. Quand l'oiseau était cuit, on lui remettait sa vêture. On le présentait alors prêt à l'envol, tête dressée avec des bâtonnets, bec et pattes colorés d'or ou d'argent.

On mangeait toutes ces viandes accompagnées de sauces très épicées, détrempées dans du vinaigre ou du verjus et servies dans des coupelles à part. Les sauces étaient légères car c'est un jaune d'œuf ou de la mie de pain qui faisait la liaison. L'impression dominante est l'acide, le piquant et l'épicé. Il n'y a ni gras ni farine. Le choix de ces mets correspond à la première catégorie sociale, celle des nobles, qui est en haut de la hiérarchie sociale. Leur nature élevée leur interdit de consommer des aliments qui proviennent de la terre tels les légumes (poireaux ou navets) réservés aux travailleurs. Les fruits qu'ils préfèrent poussent en hauteur et jouxtent le ciel telles les cerises ou les prunes, très appréciées au XVe siècle. Dans cette logique de l'élévation qui détermine les goûts, les seigneurs ne consomment pas de bœuf, animal qui vit les pieds sur terre et dont la viande est réputée indigeste à leur estomac. Ils ne supportent que le veau et les jeunes bêtes, mais ce qui convient le mieux à leurs besoins est la chair des oiseaux et volatiles qui vivent dans le ciel. Quant à la consommation de venaison, elle s'explique par une imitation des goûts alimentaires des chevaliers mythiques du temps passé que diffusaient les romans de chevalerie. Tout ceci donne une alimentation d'autant plus lourde et déséquilibrée que ces mets étaient accompagnés de nombreux vins. Le banquet du Faisan fut bien évidemment offert avec les meilleurs crus de Bourgogne et d'autres vins forts tout aussi recherchés.

Ensuite vint le service de « desserte » composé de fruits confits, dragées, fruits secs mais aussi gâteaux, flans, rissoles et beignets. Au XVe siècle, on commence seulement en France à apprécier le sucré. Car longtemps on avait considéré le sucre de canne comme un médicament. Lors du banquet du Faisan, cette desserte fut suivie comme dans tous festins par deux autres services : « l'issue » (sortie) où l'on servait de l'hypocras, ce vin aromatisé et très prisé, avec des gâteaux légers du genre gaufres sèches et oublies.

La rareté des sièges

Puis les invités abandonnaient la table pour prendre le « boute-hors » (foutez le camp) : dernier verre de vin accompagné d'épices et dragées digestives. Ce dernier service annonçait que les invités devaient se retirer sous peu. Dans un banquet, ils attendaient tout d'abord que les tables et les bancs fussent enlevés, puis ingéraient leur boute-hors debout. Les rares sièges étaient en effet réservés aux dames et convives de haut lignage. C'était un moyen de manifester visuellement l'inégalité et la hiérarchie entre les convives du duc de Bourgogne, fussent-ils tous nobles.

Un spectacle aristocratique

La raison de la rareté des sièges à ce moment du banquet ne procède pas de considérations techniques ou financières – les artisans du XVe siècle étaient parfaitement capables de produire des dizaines de chaises – mais d'une vision du monde qui exigeait que l'inégalité sociale soit démonstrative. La notion de « salon » qui place tous les invités au même niveau n'est pas concevable pour ces aristocrates qui vivaient en perpétuelle représentation. Le banquet en effet suppose des spectateurs autour des tables.

On sait qu'ils furent tellement nombreux dans la salle du Palais royal de Paris lors du festin de l'entrée d'Isabeau que celle-ci fut quasi étouffée et qu'il fallut casser une verrière pour lui donner de l'air. Ces spectateurs regardaient les entremets mais aussi les mangeurs placés en face d'eux en représentation. Dans ce contexte, les manières de table des commensaux avaient une importance considérable.

La Cène rappelée

Le banquet est un repas pris en commun à forte symbolique religieuse. Il rappelle la Cène c'est-à-dire le dernier repas que mangea le Christ au cours duquel il partagea le pain et le vin. C'est pour rappeler cette égalité du partage que les convives sont assis sur des bancs mais surtout qu'ils n'ont qu'une écuelle et qu'un gobelet pour deux.

Là encore, les conditions de la civilisation matérielle permettaient au XVe siècle de donner une écuelle et un gobelet à chacun mais c'eût été contraire à l'efficacité charitable du partage. Dans l'écuelle en effet on mangeait les potages ou sauces liquides qu'on avait pris avec sa propre cuillère dans le plat. Il n'y avait pas de couvert de service. Chaque convive découpait sa part de viande ou de volaille avec son couteau directement dans le plat puis déposait avec sa main ce morceau sur le tranchoir, un gros morceau de pain gris, épais et taillé en carré qui servait d'assiette. On ne mangeait pas le pain du tranchoir, distribué ensuite aux pauvres. Les couteaux étaient en général apportés par les convives masculins qui se chargeaient de découper la viande des dames. Seuls le duc et les grands seigneurs installés aux places d'honneur avaient une écuelle et un gobelet chacun ; ils recevaient leurs mets couverts tant pour éviter le refroidissement des plats que par crainte du poison. Ils devaient attendre qu'un test soit effectué sur leurs aliments avec des langues de serpent ou une corne de licorne (de narval en réalité) qui avaient la réputation de changer de couleur en présence du venin. La crainte des poisons favorisait la distinction des seigneurs en les empêchant de se précipiter sur la nourriture. Le roi de France Charles VII ne mangeait d'ailleurs jamais dans les banquets et on dit que Philippe le

Bon goûtait seulement. Par ailleurs ces puissants ne découpaient pas eux-mêmes leur viande car un chevalier-tranchant s'en chargeait pour chacun d'eux, ce qui ralentissait aussi leur éventuelle gourmandise.
On portait les aliments à la bouche avec sa main droite et on s'essuyait les mains et la bouche sur le bord de la nappe. Les fourchettes, à deux dents en général, étaient connues depuis le Xe siècle, mais ne furent pas utilisées pour manger avant le début du XVIIe siècle. Le roi de France Charles V possédait neuf fourchettes d'or mais elles n'étaient utilisées par ses chevaliers-tranchants que pour lui tendre sa viande.
Le vin n'était pas placé sur la table et les convives ne se servaient pas eux-mêmes mais faisaient signe à un domestique qui remplissait leur verre.

Des manières peu ragoûtantes
Nous avons conservé des traités de bonnes manières depuis le XIIe siècle On les appelait « Contenances de table » Ces codes de comportements sont à la fois éthiques et sociaux et très influencés par le discours clérical puisqu'ils demandent aux mangeurs de faire correspondre leurs attitudes extérieures avec le comportement de leur âme. Le traité de civilité puérile qu'écrivit Érasme en 1505 reprend mot à mot les traités antérieurs. Ces manières de tables médiévales proposent trois sortes de prescriptions : les unes pour ne pas commettre le péché de gourmandise, les autres interdisant les actions désagréables envers les voisins de table, les dernières sont sanitaires et imposent de se laver les mains avant et après le repas.
Celui qui s'assoit à table, enseignent tous ces textes, doit d'abord penser aux pauvres et réciter le bénédicité, afin de

détourner les tentations de la gourmandise. Les impulsions du mangeur doivent être placées sous le triple contrôle de la langue, des yeux et des gestes selon des critères permettant à chacun de choisir que manger, combien et comment, selon sa physiologie personnelle. Si l'on met à part les jours de jeûne qui imposaient l'abstinence de viande 120 jours par an environ et ne concernaient donc pas les jours de festin, il s'agit d'éviter la précipitation, en ne mangeant pas de pain au début du repas, en n'avalant pas de bouchées trop grosses ou non mâchées, en ne prenant pas les meilleurs morceaux. Il faut se préserver de la goinfrerie et de l'ivresse en conservant toujours la juste mesure. Par exemple il faut toujours mettre de l'eau dans son vin comme le faisait le bon roi Saint Louis.

L'excès de viandes et de vins rend naturellement bavard et conduit le mangeur à ne plus contrôler sa parole. C'est pourquoi le péché de gourmandise qui se disait *gula* en latin (gueule) lie les péchés que commet la bouche en ingérant trop et ceux de la langue qui parle de manière désordonnée. Aux paroles perturbées correspondent les gestes dissipés des corps échauffés qui conduisent tout droit à la luxure vu la mixité des banquets et la promiscuité des corps. Le repas doit au contraire favoriser une conversation agréable et maîtrisée. Pour cela le mangeur doit accompagner ses paroles de gestes agréables à autrui.

Qu'il se tienne droit et ne mette pas ses coudes sur la table, qu'il laisse le temps de manger à son voisin d'écuelle et s'interrompe quand ce dernier boit, qu'il ne porte lui-même jamais le verre à ses lèvres s'il n'a pas vidé sa bouche au préalable et essuyé ses lèvres. Qu'il ne mette pas toute sa main dans le plat mais seulement trois doigts, qu'il ne replace pas son os dans le plat, qu'il ne fasse pas de bruit en aspirant son potage, qu'il ne pète ni ne rote, ne se gratte ni ne crache mais se détourne en arrière pour se moucher d'un doigt.

La répétition pendant quatre siècles des mêmes prescriptions en matière de comportements à table laisse supposer que les convives avaient du mal à s'y conformer. Certains textes de prédicateurs et clercs laissent supposer que les débordements étaient nombreux lors de ces banquets officiels et que les convives « s'empiffraient », s'enivraient, mangeaient salement, se querellaient et avaient bien du mal à supporter la promiscuité du voisin que leur imposait le partage de l'écuelle et du verre. D'autres fois la promiscuité avec une dame ou demoiselle favorisait les prémices de la luxure.

Quand Olivier de la Marche dit que, dans les festins, il fallait changer les nappes à chaque service, il laisse supposer que les mangeurs ne donnaient pas un spectacle aussi ordonné et harmonieux que celui des entremets. C'est sans doute pourquoi les chroniqueurs du banquet du Faisan ne relatent pas ce que l'on a mangé ni comment. Il n'existe aucune représentation de ce repas qui fit la renommée du duc de Bourgogne Philippe le Bon dans toute la chrétienté. Les miniatures qui montrent les tables d'autres festins du XVe siècle sont étrangement toujours ordonnées, aux nappes impeccables mais vides sauf quelques rares couverts. On doit donc penser que ces banquets sont volontairement représentés non tels qu'ils se sont déroulé mais tels qu'on voulait qu'ils fussent reconnus : semblables à la Cène.

20. Le Bal des Ardents, un charivari tragique

par Françoise Autrand

28 janvier 1393, fête à l'hôtel Saint-Pol, chez le jeune Charles VI. L'attraction de la soirée devait être un sarabande d'hommes déguisés en bêtes. Mais l'un des costumes prend feu, et quatre danseurs périssent atrocement dans les flammes. Le lendemain, l'émotion est vive chez les Parisiens, à tel point qu'on frôle l'émeute. C'est que la danse des sauvages était un charivari, un pratique scandaleuse.

Un grand bal est donné, à l'hôtel Saint-Pol à Paris, ce mardi 28 janvier 1393. La mariée, Catherine, est demoiselle d'honneur de la reine Isabeau de Bavière, femme de Charles VI. Isabeau, qui ne s'est jamais bien mise au français, aime beaucoup cette Catherine qui est allemande et parle allemand avec elle. Pour cette amie, deux fois veuve, la reine a trouvé un troisième mari et elle a voulu que les noces de sa demoiselle soient l'occasion d'une joyeuse fête.

C'est qu'il faut divertir le roi qui relève de maladie et l'empêcher de sombrer à nouveau dans les idées noires. Au mois d'août 1392, en effet, Charles VI, qui alors n'avait pas encore 24 ans, a été frappé par une crise de folie. Mais à l'excitation violente a succédé l'abattement. Pendant des jours le roi est resté prostré. Enfin sorti de sa confusion mentale, il s'est rétabli, a récupéré le sommeil, l'appétit. L'automne passé au calme du château de Creil, au nord de Paris, dans les bois, au milieu des chevaux et des chiens, lui a peu à peu rendu son équilibre. Il a retrouvé sa femme. Un nouvel enfant s'annonce. Si c'est une fille, elle sera vouée à Dieu, en signe de reconnaissance pour la guérison du roi.

Aux premiers froids, Charles est rentré dans la capitale. Il a repris le fardeau de la couronne et l'agitation de la vie de cour, les journées sans repos et les nuits sans sommeil. On s'amuse à l'hôtel Saint-Pol. Il faut bien occuper les longues soirées d'hiver et ne pas laisser le roi seul aux prises avec les affres de l'insomnie. Le mariage de Catherine l'Allemande tombe bien pour couper l'hiver entre les réjouissances de Noël et les austérités du Carême.

La danse des sauvages

Donc, ce mardi, toute la cour est invitée à la fête qui doit s'achever par un bal. Dans la grande salle de l'hôtel Saint-Pol, vivement éclairée par des lustres haut perchés et des rangées de torches, au son des trompettes, tambourins et flûtes, commence la danse.

Vers minuit les torches se retirent soudain : ordre du roi. Et, dans la pénombre, au milieu des rires, six sauvages font irruption au milieu des danseurs. Poilus comme des bêtes, le visage caché par un masque velu, ils sont attachés l'un à l'autre et vont à la queue leu leu, comme les loups. Ils courent. Ils sautent. Ils se trémoussent en faisant des gestes obscènes, poussent des grognements et hurlent comme des bêtes sauvages. Qui mène la sarabande ? Le roi sans doute. Et qui sont les autres ? De jeunes seigneurs, compagnons de fête du roi : le jeune comte de Joigny, Charles de Poitiers, fils du comte de Valentinois, Yvain de Foix, bâtard du fameux Gaston Phébus comte de Foix, et, moins hup-

pés, le sire de Nantouillet et Hugues de Guisay. Hugues, qu'on appelle Huguenin, un noceur, a eu l'idée de la mascarade. Il veut plaire aux dames et aussi au roi en organisant cet « esbattement ». Il a imaginé les costumes destinés à déguiser les hommes en bêtes : un vêtement collant, en toile, enduit de poix et recouvert d'étoupe, ajusté exactement à la taille de celui qui le porte et cousu sur lui. Complété par un masque poilu, il donne aux danseurs l'apparence d'animaux à fourrure. Pendant que les six compagnons, retirés dans une chambre, enfilent leur déguisement, Yvain de Foix fait remarquer le danger du feu. Charles l'approuve : « En nom Dieu, Yvain, vous parlez bien et sagement et ce sera fait. » Il appelle alors l'huissier qui garde la porte et lui lance un ordre : « Va-t-en en la chambre où sont les dames et commande, de par le roi, que toutes les torches se retirent et que nul ne se boute entre six hommes sauvages qui doivent là venir. »
Les torches sont donc rangées contre les murs et les sauvages font leur sarabande dans le noir. Chacun pourtant veut les reconnaître. En voilà un, celui qui mène la danse et qui pourrait bien être le roi, qui se détache de la file et se jette vers les dames. Il passe devant la reine et « s'en va vers la duchesse de Berry qui était sa tante, et la plus jeune ». Bien jeune tante et bien jeune duchesse, Jeanne de Boulogne n'a que 17 ans. Par jeu, elle empoigne le sauvage pour savoir son nom.

Louis d'Orléans provoque le drame

A ce moment arrive au bal le duc d'Orléans, suivi de quatre chevaliers et de dix porteurs de torches. Louis, seul et brillant frère du roi, âgé de 22 ans, est aussi sage et réfléchi que son frère aîné est nerveux et agité. Il aime pourtant s'amuser et faire la fête avec sa bande, et pas toujours de la manière la plus raffinée si l'on en croit les poèmes qu'Eustache Deschamps a consacrés à ses parties de plaisir. Aussi chacun, jusqu'à ce qu'il fasse son entrée au bal, pensait qu'il était l'un des six sauvages. Mais non ! Et le voilà qui, comme les autres, fait mine de vouloir démasquer les danseurs. Il arrache une torche à un de ses valets, l'approche d'un des masques.

C'est le drame ! Le costume fait de poix et d'étoupe s'embrase. En rien de temps le feu passe de l'un à l'autre. Les flammes brûlent ensemble le vêtement collant et la peau des malheureux. Les valets d'Yvain de Foix, dont celui qui craignait le feu, guettent leur maître à la porte de la salle de

Le charivari interdit

Les jeunes gens, c'est-à-dire les garçons en âge de se marier, viennent tourner en ridicule des noces mal assorties et surtout mal acceptées, par une grotesque parodie de sérénade. Ils se déguisent en bêtes, fixent sur leur tête des masques et des cornes et viennent faire du tapage à la porte des mariés, en imitant des cris d'animaux sauvages, des aboiements de chien et des hurlements de loup. Le bruit des poêles et des chaudrons frappés à coup de cuiller à pot complète cette musique discordante. Ils font les cornes au mari et mènent leur train jusqu'à ce qu'un « pot » offert par les nouveaux mariés apaise la fureur de la jeunesse. Pratique populaire, le charivari était bien connu des gens du monde ou plutôt de cour par un livre très répandu, le *Roman de Fauvel*, de Gervais du Bus. On peut encore voir, dans un manuscrit qui a été conservé de cet ouvrage satirique, des miniatures représentant un charivari avec tous ses éléments, les poils et les masques, les cornes et la queue leu leu.

bal, les bras chargés de draps mouillés. Mais Yvain n'a pas le temps de les rejoindre. Nantouillet a plus de chance. Il atteint la cuisine et se jette dans le cuveau de la vaisselle. Charles de Poitiers et Hugues de Guisay meurent sur place dans les flammes ; le comte de Joigny et Yvain de Foix deux jours plus tard, après avoir souffert « peine et martyre ».
Et le roi ? Il est sauvé par la petite duchesse de Berry qui, tenant toujours son prisonnier dans ses bras, a étouffé le feu en le roulant dans sa traîne. Isabeau a peur. Depuis la maladie du roi, elle a et elle aura toujours peur. Car le mal inexplicable dont souffre Charles fait peser le soupçon sur elle. Si par malheur le roi était mort dans la mascarade, Isabeau aurait été tenue pour coupable, puisqu'elle était à l'origine de la fête et que c'était pour les noces de Catherine, que la jeunesse avait mené ce train. Quel aurait été son sort en ce cas ?

Le Paris laborieux est en colère

Personne n'a oublié à la cour de France l'affaire des brus de Philippe le Bel et, depuis, il n'y avait pas eu une reine de France, pas même l'irréprochable Jeanne de Bourbon, épouse de Charles V, qui n'ait été victime de rumeurs. Isabeau a bien raison de trembler. Chapitré par sa jeune tante, Charles pense aussitôt à la rassurer. Il quitte la salle de bal, affublé de son costume qui ne fait plus rire. En hâte, il le fait découdre, revêt son vêtement du jour et court auprès de sa femme qu'il raccompagne jusqu'à sa chambre en la réconfortant.
Le lendemain, ou plutôt quelques heures plus tard, le jour se lève sur le Paris laborieux qui ne passe pas la nuit à faire la fête mais à réparer ses forces pour le travail quotidien.

D'autres couche-tôt se réveillent aussi de bonne heure. Ce sont les gens sérieux qui ne voient pas d'un bon œil la vie agitée que les gens de cour font mener au roi à la tête fragile. Dans leurs jours d'indulgence, qui ne sont pas sept dans la semaine, ils mettent cette frénésie sur le compte de la jeunesse. C'est surtout le duc d'Orléans que visent ces reproches. Parmi ces censeurs se trouvent les oncles du roi, Jean de Berry et Philippe de Bourgogne. Ces deux frères cadets de Charles V ont alors l'un 52 et l'autre 50 ans. Ils ont pris part à la fête, avec toute la cour. Mais, en hommes d'âge, ils sont allés se coucher avant le bal.

Au réveil, ils apprennent la nouvelle. La salle du bal garde encore les traces du feu et de « cette pestilence et horribleté qui était grande hideur et pitié à regarder », comme l'écrit Froissart. Paris est en fureur. La rue gronde et les bourgeois parlent haut. La rumeur devient menace. Si le roi était mort dansant la sarabande, dit Froissart, « que fussent ses oncles et son frère devenus ? Ils doivent être certains que jamais pied d'eux n'en fût réchappé, car tous eussent été occis, ainsi que tous les chevaliers qu'on eût trouvés à Paris ». Alertés, les oncles du roi accourent à l'hôtel Saint-Pol, réconfortent Charles consterné, sermonnent Louis, le coupable, et sans tarder tiennent conseil.

De toute urgence, il faut « apaiser le peuple », couper court aux rumeurs en montrant le roi, sain et sauf, mais aussi calmer d'obscures frayeurs. Dès 9 heures, le roi, ses oncles et son frère montent à cheval et parcourent les rues de Paris. Arrivé à la porte Montmartre, le cortège met pied à terre. Le roi seul reste à cheval. Nu-pieds les princes traversent en procession le quartier des Halles, secteur le plus sensible de la rive droite, d'où sont parties et d'où partiront toutes les émeutes du siècle. Ils passent la Seine, entrent à Notre-Dame où une grand-messe est chantée. Pardonné par le roi, son frère, le duc d'Orléans doit aussi se réconcilier avec Dieu. Il fera faire, dans l'église des Célestins de Paris, qui jouxte alors l'hôtel Saint-Pol, une chapelle expiatoire où chaque jour sera célébrée une messe pour l'âme des quatre victimes dont beaucoup pensent qu'elles courent grand risque de passer des flammes du Bal des ardents au feu éternel de l'enfer.

La mascarade était un charivari

Aux yeux de tous, en effet, le comte de Joigny et Charles de Poitiers, Yvain de Foix et Hugues de Guisay sont morts en état de péché mortel, coupables de sacrilège. Le Religieux de Saint-Denis, un moine bénédictin qui écrit alors l'histoire officielle de la monarchie, nous dit le fin mot de l'affaire. Si le peuple de Paris, si les gens sérieux, si l'opinion, enfin, sont scandalisés, si tous redoutent la colère divine, c'est que la mascarade était un charivari.

Voilà pourquoi le moine déchaîne son imagination pour décrire la mort des victimes dans les flammes : « Il eût fallu un cœur de roche pour entendre sans frémir les cris affreux que poussèrent ces malheureux, pour les voir de sang-froid courir en désordre et dans les transports d'une frénésie qui n'était maintenant que trop véritable. La flamme dévorante s'élevait jusqu'au plafond ; la poix liquéfiée ruisselait sur leur corps et pénétrait dans leurs chairs (...). En essayant d'éteindre le feu, ils se brûlèrent et calcinèrent les mains. Le feu consuma aussi les parties inférieures de leur corps, et leurs membres virils qui tombaient par lambeaux inondèrent de sang le plancher de la salle. »

Ce dernier détail nous dit bien dans quel domaine se trouvait la transgression. C'est de mariage qu'il s'agit. La demoiselle que la reine mariait ce jour-là était déjà veuve de deux ou trois maris. Or l'usage, en pareil cas, interdit mais largement pratiqué, est de faire un charivari. Le Religieux de Saint-Denis indique sans périphrase que la mascarade menée – oh ! horreur ! – par le roi en personne n'était rien d'autre : « La mariée était veuve pour la troisième fois. Or, dans plusieurs endroits du royaume, il y a des gens qui ont la sottise de croire que c'est le comble du déshonneur pour une femme de se remarier, et, en pareille circonstance, ils se livrent à toutes sortes de licences, se déguisent avec des masques et des travestissements, et font essuyer mille avanies aux deux époux. C'est un usage ridicule et contraire à toutes les lois de la décence et de l'honnêteté. » Par malheur le roi s'est laissé entraîner « par de mauvais conseillers à se mêler à une de ces scènes de carnaval où les gens se travestissent en hommes sauvages ». Rien n'y manquait : « Ils se masquèrent, entrèrent dans la salle sous cet affreux déguisement qui les rendait méconnaissables et se mirent à courir de tous côtés en faisant des gestes obscènes, en poussant d'horribles cris et en imitant les hurlements des loups. Leurs mouvements ne furent pas moins inconvenants que leurs cris, ils dansèrent la sarrasine avec une sorte de frénésie vraiment diabolique. L'ennemi du genre humain leur avait sans doute tendu ce piège pour les perdre. »

Le pire de tous les sacrilèges

Le diable s'en était mêlé. Car le charivari, à cette époque, n'est pas un jeu innocent. Il est strictement interdit par l'Église. D'abord parce qu'il est une injure au sacrement de mariage. L'Église, en matière de mariage, permet bien des choses que réprouvent l'opinion commune et, surtout dans les villages, la communauté des jeunes à marier. Elle prohibe l'union de proches parents et met sur le même plan que les liens du sang la parenté spirituelle nouée entre parrain, marraine et filleuls à l'occasion du baptême. Elle est stricte sur la question du consentement des époux et sur la publicité de la cérémonie. Mais elle autorise les troisièmes noces et ne prend en considération pour la validité du sacrement ni les différences d'âge, ni les inégalités de fortune. Les communautés villageoises, au contraire, ressentent comme un désordre l'union d'un vieux et d'une jouvencelle ou celle d'un blanc-bec et d'une veuve riche et mûre. Le charivari est alors l'expression bruyante de cette réprobation et aussi des frustrations de la jeunesse qui voit échapper un bon parti. Et ce n'est pas tout. Le charivari, sorti de la nuit des temps, irruption de la nature sauvage dans l'ordre chrétien, fait de l'homme une bête. Couvert de poils ou de plumes, aboyant, grognant, hurlant, courant à quatre pattes ou allant à la queue leu leu, faisant les cornes, le danseur sauvage fait le chien, le bouc, le loup. Faire de l'homme une bête, c'est le pire des sacrilèges. L'homme est la créature de Dieu, faite à son image. Le corps du chrétien, marqué par le signe du baptême, est le temple du Saint-Esprit. Dissimuler son visage sous un masque est un péché. Il n'y a dans tout cela que transgression de l'ordre naturel et divin.

Circonstance aggravante, le roi était de la bande. Le Religieux de Saint-Denis ne lui reproche que d'avoir écouté de mauvais conseillers. Il ne peut trop s'en prendre non plus au comte de Joigny, ni aux fils des comtes de Foix et de

Poitiers, importants et chatouilleux personnages des parages méridionaux. C'est donc sur Huguenin de Guisay que tombe sa colère. C'est lui qu'il accuse de traiter les hommes comme des chiens : « Il avait en haine ses serviteurs, écrit-il. Il les appelait chiens et les forçait à aboyer. Si bien que, sur le passage de son cercueil, la foule en colère criait, comme il l'avait fait si souvent : «Aboie, chien !» ». Si Charles était mort déguisé en bête et menant le charivari, ce n'est pas son âme seule qu'il aurait mise en perdition, mais aussi son royaume. La colère divine aurait pu frapper la France d'horribles châtiments et lui faire cruellement expier le sacrilège, pire encore s'il est commis par une personne sacrée. Voilà ce qui a donné leur odeur de soufre aux flammes du Bal des ardents.

Bibliographie

Purement indicative, cette liste suggère seulement quelques lectures sur les sujets abordés dans ce volume.

Grandes synthèses et dictionnaires :

Delort (Robert), *La Vie quotidienne au Moyen Âge*, Seuil (coll. « Points »), 1982.
Favier (Jean), *Dictionnaire de la France médiévale*, Fayard, 1993.
Favier (Jean), dir., *La France médiévale*, Fayard, 1983.
Le Goff (Jacques), *La Civilisation de l'Occident médiéval*, Arthaud, 1964 (rééd. Flammarion, coll. « Champs », 1997).
Vauchez (André), dir., *Dictionnaire encyclopédique du Moyen Âge*, Cerf, 1997, 2 vol.

L'amour et la famille

La femme, le mariage, les enfants

Duby (Georges) et Ariès (Philippe), dir., *Histoire de la vie privée*, tome II, *De l'Europe féodale à la Renaissance*, Seuil, 1985.
Duby (Georges), *Le Chevalier, la femme et le prêtre. Le mariage dans la France féodale*, Gallimard, 1978 (rééd. Hachette, coll. « Pluriel », 1981)
Klapisch-Zuber (Christiane), dir., *Le Moyen Âge*, tome II de l'*Histoire des femmes en Occident*, dir. Georges Duby et Michelle Perrot, Plon, 1991.
Klapisch-Zuber (Christiane), dir., *Temps médiévaux, Orient-Occident*, tome II de l'*Histoire de la famille*, dir. André Burgière, LGF, 1994.

Lett (Didier) et Alexandre-Bidon (Danièle), *Les Enfants au Moyen Âge : Ve-XVe siècles*, Hachette, 1998
Lett (Didier), *L'Enfant des miracles : enfances et familles au Moyen Âge, XIIe-XIVe siècles*, Aubier, 1997
Lévy (G.), *L'Histoire des jeunes en Occident*, tome II, Seuil, 1996.
Verdon (Jean), *Les Françaises pendant la guerre de Cent Ans : début du XIVe siècle-milieu du XVe siècle*, Perrin, 1991
Vial (Jean), dir., *Des origines à 1515*, tome II de l'*Histoire mondiale de l'éducation*, dir Gaston Mialaret, PUF, 1981.

Amours et interdits

Boswell (John), *Christianisme, tolérance sociale et homosexualité. Les homosexuels en Europe occidentale des débuts de l'ère chrétienne au XIVe siècle*, Gallimard, 1985
Boswell (John), *Unions du même sexe, de l'Europe antique au Moyen Âge*, Fayard, 1996
Flandrin (Jean-Louis), *Un temps pour embrasser. Aux origines de la morale sexuelle occidentale (VIe-XIe siècle)*, Seuil, 1983
Lorcin (Marie-Thérèse), *Façons de sentir et de penser : les fabliaux français*, Honoré Champion, 1979
Rossiaud (Jacques), *La Prostitution médiévale*, Flammarion (coll. « Champs »), 1988.
Verdon (Jean), *Le Plaisir au Moyen Âge*, Perrin, 1996 (rééd. Hachette, coll. « Pluriel », 1997)
Verger (Jacques), *L'amour castré : l'histoire d'Héloïse et Abélard*, Hermann, 1996

La foi et le clergé

Généralités

Southern (R.W.), *L'Église et la société dans l'Occident médiéval*, Flammarion, 1987.

Vauchez (André) et Mollat du Jourdin (Michel), dir., *Un Temps d'épreuves : 1274-1449*, tome VI de l'*Histoire du christianisme*, Desclée, 1990
Vauchez (André), dir., *Apogée de la papauté et expansion de la chrétienté*, tome V de l'*Histoire du christianisme*, Desclée, 1994
Vauchez (André), *La Spiritualité du Moyen Âge occidental, VIIIe-XIIIe siècles*, PUF, 1975 (rééd. Seuil, coll. « Points », 1994)

Les pèlerins

Sigal (Pierre-André), *L'Homme et le miracle dans la France médiévale : XIe-XIIe siècles*, Cerf, 1985
Oursel (Raymond), *Les Pèlerins du Moyen Âge*, Fayard, 1978
Verdon (Jean), *Voyager au Moyen Âge*, Perrin, 1998

La peur de l'au-delà

Baschet (Jérôme), *Les Justices de l'au-delà : les représentations de l'enfer en France et en Italie (XIIe-XVe siècles*, École française de Rome, 1993.
Delumeau (Jean), *Le Péché et la Peur*, Fayard, 1985
Le Goff (Jacques), *La Naissance du Purgatoire*, Gallimard, 1981 (rééd. coll. « Folio », 1991)
Minois (Georges), *Histoire de l'enfer*, PUF (« Que sais-je ?»), 1994
Schmitt (Jean-Claude), *Les Revenants. Les vivants et les morts dans la société médiévale*, Gallimard, 1994
Vovelle (Michel), *La Mort et l'Occident de 1300 à nos jours*, Gallimard, 1993
Vovelle (Michel), *Les Âmes du purgatoire ou le travail du deuil*, Gallimard, 1996

Les Templiers

Bordonove (Georges), *La Vie quotidienne des Templiers*, Hachette, 1975

Dailliez (Laurent), éd., *Règle et statuts de l'ordre du Temple*, Derry, 1996

Dailliez (Laurent), *Guide de la France templière*, Table d'émeraude, 1992

Demurger (Alain), *Vie et mort de l'ordre du Temple*, Seuil (coll. « Points »), 1989

L'argent

Suger

Bur (Michel), *Suger : abbé de Saint-Denis, régent de France*, Perrin, 1991

Panofsky (Erwin), *Architecture gothique et pensée scolastique*, Éditions de Minuit, 1967

Suger, *La Geste de Louis VI*, éd. Michel Bur, Imprimerie nationale, 1994

Usuriers et marchands

Favier (Jean), *De l'Or et des épices. Naissance de l'homme d'affaires au Moyen Âge*, Fayard, 1987 (rééd. Hachette, coll. « Pluriel », 1995)

Le Goff (Jacques), *La Bourse et la Vie*, Hachette, 1986 (rééd. Hachette, coll. « Pluriel », 1997)

La violence

Violence et répression

Gauvard (Claude), *Crime, État et Société en France à la fin du Moyen Âge*, Publications de la Sorbonne, 1991

Geremek (Bronislaw), *Les Marginaux parisiens aux 14e et 15e siècles*, Flammarion, 1976 (rééd. coll « Champs », 1991)

Gonthier (Nicole), *Cris de haine et rites d'unité. La violence dans les villes, XIIIe-XVIe siècle*, Brepols, 1992

La guerre de Cent Ans

Favier (Jean), *La Guerre de Cent Ans*, Fayard, 1991
Minois (Georges), *Du Guesclin*, Fayard, 1993

Les loisirs et les plaisirs

Généralités

Verdon (Jean), *Les Loisirs au Moyen Âge*, Tallandier, 1996

Les jeux

Mehl (Jean-Michel), *Les Jeux au royaume de France : du XIIIe siècle au début du XVIe siècle*, Fayard, 1990

La chasse

Gaston Phébus, *Le Livre de la chasse de Gaston Phoebus*, Minerva, 1993
La Chasse au Moyen Âge, actes du colloque de Nice (1979), Les Belles Lettres, 1980
Strubel (Armand) et Saulnier (Chantal de), *La Poétique de la chasse au Moyen Âge*, PUF, 1994
Van den Abeele (Baudouin), *La Fauconnerie au Moyen Âge*, Klinsieck, 1994

La mode

Blanc (Odile), *Parades et parures : l'invention du corps de mode à la fin du Moyen Âge*, Gallimard, 1997
Pastoureau (Michel), dir., *L'Étoffe et le vêtement*, Presses universitaires de Vincennes (Médiévales, 29), 1996
Pastoureau (Michel), *Rayures. Une histoire des rayures et des tissus rayés*, Seuil, 1995

Piponnier (Françoise) et Mane (Perrine), *Se vêtir au Moyen Âge*, A. Biro, 1995
Piponnier (Françoise), *Costume et vie sociale, la cour d'Anjou*, Mouton, 1970

Le banquet du Faisan

Caron (Marie-Thérèse) et Clauzel (Denis), éd., *Le Banquet du Faisan*, Artois Presses Université, 1997

Les plaisirs de la table

Laurioux (Bruno), « Entre savoir et pratique. Le livre de cuisine à la fin du Moyen Âge », in *Médiévale*, 1988, tome XIV, pp. 59-71.
Manger et boire au Moyen Âge, actes du colloque de Nice (1982), Les Belles Lettres, 1984
Redon (Odile), Saban (Françoise) et Serventi (Silvano), *La Gastronomie au Moyen Âge. 150 recettes de France et d'Italie*, Stock, 1991*Le Mesnagier de Paris*, éd. Georgina E. Brereton, Janet M. Ferrier et Karin Ueltschi, LGF (coll. « Lettres gothiques »), 1994

Le bal des Ardents et le charivari

Autrand (Françoise), *Charles VI, la folie du roi*, Fayard, 1986
Le Goff (Jacques) et Schmitt (Jean-Claude), éd., *Le Charivari*, actes de la table ronde de Paris (1977), École des Hautes Études en Sciences sociales, 1980
Nollier (Inès), *Isabeau de Bavière*, Le Rocher, 1996

Index des noms de personnes

N.B. : par convention, les personnes nées avant 1300 sont citées par le prénom, celles nées après 1300 par le nom de famille.

Crédits photographiques :
Couverture : Tallandier.
1 : Tallandier. **2 :** Giraudon, Kharbine - Tapabor, Chirol.
3 : Giraudon, Giraudon, Tallandier, Giraudon.
4 : Bulloz, Tallandier.
5 : Giraudon, Charmet, Giraudon. **6 :** Giraudon, Kharbine - Tapabor, Tallandier.
7 : Tallandier, Artephot, Artephot. **8 :** B.N., Tallandier (Cauboue), B.N., Kharbine - Tapabor.

Index des auteurs

Autrand (Françoise) : professeur d'Histoire médiévale à l'École normale supérieure, elle est l'auteur de *Charles VI, la folie du roi* (Fayard, 1986) et de *Charles V le Sage* (Fayard, 1994).

Baschet (Jérôme) : maître de conférences à l'École des Hautes Études en Sciences sociales, il a publié *Les Justices de l'au-delà : les représentations de l'enfer en France et en Italie (XIIe-XVe siècles)*, École française de Rome, 1993.

Beaune (Colette) : professeur à l'université de Nanterre-Paris X, elle a publié *Naissance de la nation France* (Gallimard, 1993), et a présenté et annoté le *Journal d'un bourgeois de Paris* (LGF, 1990).

Bur (Michel) : professeur à l'université Nancy-II, historien et archéologue, il a écrit, entre autres, *Suger : abbé de Saint-Denis, régent de France* (Perrin, 1991). Il a également présenté *La Geste de Louis VI*, de Suger (Imprimerie nationale, 1994).

Castelot (André) : homme de radio, complice d'Alain Decaux pendant de nombreuses années, il a récemment publié *Napoléon et les femmes* (Perrin, 1998).

Galimard Flavigny (Bertrand) : spécialiste des ordres de chevalerie, il est l'auteur de plusieurs ouvrages sur ce thème, notamment *Ordres et contre-ordres de chevalerie* (Mercure de France, 1982), écrit avec Arnaud Chaffanjon.

Gauvard (Claude) : professeur d'histoire du Moyen Âge à l'université de Paris-I-Panthéon-Sorbonne. Elle est l'auteur notamment de *Crime, État et Société en France à la fin du Moyen Âge*, (Publications de la Sorbonne, 1991) et de *La France au Moyen Âge du Ve au XVe siècle* (PUF, 1996).

Le Goff (Jacques) : directeur de l'École des Hautes Études en Sciences sociales, ce médiéviste de renommée internationale a marqué sa discipline, notamment par sa grande synthèse *La Civilisation de l'Occident médiéval* (Arthaud, 1964, rééd. Flammarion, coll. « Champs », 1997). Il a récemment publié *Pour l'amour des villes* (Textuel, 1997) et les actes du colloque de Poissy (1991) : *Le Moyen Âge aujourd'hui. Trois regards : histoire, théologie, cinéma* (Le Léopard d'or, 1998).

Lett (Didier) : chargé de cours en histoire médiévale à l'université de Paris I-Sorbonne, détaché au CNRS, il est l'auteur de *L'Enfant des miracles . enfances et familles au Moyen Âge, XIIe-XIVe siècles* (Aubier, 1997). Il a collaboré avec Danièle Alexandre-Bidon pour écrire *Les Enfants au Moyen Âge : V^e^-XVe siècles* (Hachette, 1998).

Lorcin (Marie-Thérèse) : professeur émérite à l'université de Lyon-II, elle a publié *Façons de sentir et de penser : les fabliaux français*, (Honoré Champion, 1979) et, récemment, *Pour l'aise du corps : confort et plaisirs, médications et rites, XIIIe-XVe siècle* (Paradigme, 1998).

Mehl (Jean-Michel) : professeur d'histoire médiévale à l'université de Strasbourg, il a publié *Les Jeux au royaume de France : du XIIIe siècle au début du XVIe siècle*, (Fayard, 1990).

Owen-Hughes (Diane) : historienne américaine, elle a publié en France une contribution sur le Moyen Âge dans *L'Histoire des femmes en Occident* de Georges Duby et Michelle Perrot (tome II, dir. Christiane Klapisch-Zuber, Plon, 1992).

Pastoureau (Michel) : spécialiste de l'héraldique, il a écrit *Rayures. Une histoire des rayures et des tissus rayés* (Seuil, 1995) et *Figures de l'héraldique* (Gallimard, coll. « Découvertes », 1996).

Schmitt (Jean-Claude) : directeur d'études à l'École des Hautes Études en Sciences sociales, il est l'auteur, entre autres, de *Les Revenants. Les vivants et les morts dans la société médiévale* (Gallimard, 1994).

Sigal (Pierre-André) : agrégé d'Histoire et docteur ès lettres, professeur d'histoire du Moyen Âge à l'université Paul-Valéry de Montpellier, il est l'auteur notamment de *L'Homme et le miracle dans la France médiévale : XIe-XIIe siècles* (Cerf, 1985).

Verdon (Jean) : professeur d'histoire médiévale à l'université de Limoges. Il est l'auteur d'une biographie d'*Isabeau de Bavière* (Tallandier, 1981), d'une histoire des *Françaises pendant la guerre de Cent Ans* (Perrin, 1991), et surtout de quatre livres profondément originaux : *La Nuit au Moyen Âge* (Hachette, coll. « Pluriel », 1995), *Les Loisirs au Moyen Âge* (Tallandier, 1996), *Le Plaisir au Moyen Âge* (Perrin, 1996) et *Voyager au Moyen Âge* (Perrin, 1998).

Verger (Jacques) : docteur ès lettres, professeur d'histoire médiévale à l'université de Paris-Nord, il a publié *L'amour castré : l'histoire d'Héloïse et Abélard* (Hermann, 1996). C'est un spécialiste d'histoire intellectuelle, auteur notamment de *La Renaissance du XIIe siècle* (Cerf, 1996), *L'Essor des universités au XIIIe siècle* (Cerf, 1997) et *Les Gens de savoir dans l'Europe de la fin du Moyen Âge* (PUF, 1997).

Vincent-Cassy (Mireille) : maître de conférences en Histoire médiévale à l'université Paris-VII, elle est spécialiste d'histoire religieuse. Elle a publié de nombreux articles sur les mœurs et les comportements des hommes et des femmes de la fin du Moyen Âge.

Impression : Bussière S.A., Saint-Amand (Cher). — N° 1069.
Dépôt légal : mai 1998. — N° d'édit. : 2816.

ISBN : 2-235-02180-8

Imprimé en France